（修订第 3 版）
# 社会学概要

蔡文辉　李绍嵘　著

# 社會學概要

蔡文樺 著
李紹嶸

# 简体版序　社会学入门经典

后浪出版公司计划把蔡文辉、李绍嵘两位先生所著的《社会学概要》在大陆出版简体字版，要我写一篇序言。蔡文辉教授应当算是我们社会学同行中的前辈了，他在20世纪60年代就读于台湾大学社会学系，是台湾著名社会学家龙冠海教授的学生；1968年入美国加州大学伯克利分校攻读社会学博士学位，毕业以后1975年在美国印第安纳大学韦恩堡分校社会学系任教，之后长期在美国大学里教授社会学课程，应当说他对于中国社会和美国社会均有相当深刻的了解，编写以国人为对象的社会学教科书，是具有特殊的文化和生活阅历的优势的。

蔡文辉教授在印第安纳大学韦恩堡分校社会学系讲授的课程是"当代社会学理论"和"比较社会学"，当时台湾各大学也缺乏社会学的基础教科书，因此蔡教授编写了中文的《社会学理论》，1979年在台湾作为"大学丛书"系列出版。我相信这本书在台湾一定是受到好评而且广泛流传的。1982年，我到美国布朗大学社会学系去读书，因为那时大陆完全没有社会学的基础书籍，面对阅读材料中的许多英文术语，我苦于找不到相应的中文译法。那时，和我同年入学的台湾同学庞建国兄向我推荐了一本中文社会学入门教材，就是蔡文辉教授的《社会学理论》，我拿到这本书时的感觉真像是"雪中送炭"。庞兄送我的这本书在毕业后被我带回北京，一直伴随我很多年，只是后来被北京大学的一个同事借了去，不幸遗失，这件事也使我耿耿于怀了很多年。

我想，从蔡文辉教授著作中获益的绝不止少数人，20世纪80年代是中国学术发展的一个关键历史时期，在把西方当代社会学理论系统地介绍给中国读者这一方面，蔡教授确实是功不可没的。所以，当后浪出版公司提出希望我为蔡文辉先生的《社会学概要》写序时，我是欣然接受的。社会学这门学科在20世纪50年代至70年代期间曾一度被取缔，我相信这本书对大陆读者了解这门学科一定会有很大裨益。

与蔡文辉教授一同写作这本《社会学概要》的李绍嵘女士，是蔡教授的夫人，她曾经是蔡教授在台湾大学一同读社会学的同学，后来赴美在宾夕法尼亚大学获得了人口学硕士学位。我知道在人口学专业方面，宾夕法尼亚大学是全美最强的学校之一，所以李绍嵘先生的学问基础一定是好的，后来她一直在印第安纳大学韦恩堡分校和普渡大学社会学系兼职任教，也很自然地成为蔡教授的贤内助和好帮手。他们夫妇二人合作编写的这本《社会学概要》1991年由台湾五南图书公司出版，之后几乎每年加印一次，可见其受读者欢迎的程度，这次大陆出版的简体字版是2006年夏天的第3次修订版，又吸收了一些最新的内容。

这本书的写作宗旨是十分明确的，在1991年第1版的"序言"中，作者说："这是一本以介绍社会学基本知识和概念为目标的小书，希望读者能从每一章的主题介绍里对社会学有初步的了解，也因此，作者尽量避免专有名词和术语的过分使用，而且也没有引用专家的名言或附注释。希望这是一本易读易懂的社会学入门的书。"在这一段话中，作者已经把这本书的风格和特点讲得很清楚了，所以，这本书针对的读者主要是社会民众和非社会学专业的学生。由于社会学在大陆被中断多年，普通民众对这个学科几乎没有印象，而大学里其他学科的学生对社会学也知之甚少，出版这样一本篇幅不大、简明扼要、易读易懂的社会学入门书，确实是十分必要的。

这本书在结构上共分为十七章。除了在第一章"什么是社会学"中简单地介绍了四种社会学基础理论外，不再涉及一般读者比较"畏惧"和容易感到枯燥的理论论述；第二章简要地介绍了"社会研究方法"，使读者了解到这个学科在研究方法上的一些特点；其余十五章分别介绍了当代社会学的重要核心研究领域，在这些章节的介绍中，即使是一个对社会学、甚至对社会科学都毫无概念的读者，也可以大致了解到：(1)社会学是研究什么的；(2)在社会制度、社会问题的研究中，社会学家集中在研究哪些具体问题，有哪些具有代表性的观点。作为了解这个学科的第一步，汇集在这些章节中的知识已经很丰富了，同时也很简明扼要。我想，这就是《社会学概要》的写作目标。如果读者从阅读这本书中唤起了对社会学的兴趣，可以再去阅读其他更加深入和系统的专业教科书。

所以我觉得，在大陆出版的各种社会学教科书中，这本《社会学概要》应当是一本针对普通社会读者和非社会学专业的学生的入门读物。各大学社会学专业的学生，在学习更加专业化的教科书、经典著作和研究专著之前，也可以将本书作为入门的参考。由于蔡文辉教授在美国任教多年，这本书中的有些英文术语的中文译法，与现时大陆学界的惯用译法并不一定完全一致，对于有些观念的叙述，出于使读者易读易懂的目的，作者也作了一些简略。学习社会学专业的学生如要引用这本书的内容时，可以先与其他专业著作进行一下比照。

在近二十多年中，中国大陆是一个急剧变化和发展的社会，许多重大和尖锐的社会问题是在原有意识形态主导和计划经济体制下不曾出现的问题，也是前人没有调查研究、没有提出应对方案的问题，在这些方面，社会学是一个非常有用和可以大有作为的学科。小平同志在粉碎"四人帮"后提出要恢复社会学，提出要"补课"，是十分英明的。最近后浪出版公司持续组织出版海外和台湾地区的社会学经典教材与普及读物，也是很有远见的。希望蔡文辉教授这本书的出版，能够引起大陆读者的兴趣，使更多的人知道什么是社会学。

马戎

2007年1月5日于蓝旗营

# 目 录

简体版序　社会学入门经典 …………………………………………… 马戎 1

## 第一章　什么是社会学? ……………………………………………… 1

　　1.1　社会学的定义　2
　　1.2　四种社会学理论　3
　　　　功能论　3
　　　　冲突论　4
　　　　交换理论　5
　　　　符号互动理论　6
　　1.3　社会学与其他社会科学的关系　8
　　　　经济学　8
　　　　政治学　9
　　　　历史学　9
　　　　人类学　9
　　　　心理学　9
　　　　社会工作　9
　　1.4　社会学简史　10
　　1.5　社会学的用途　11

## 第二章　社会研究法 …………………………………………………… 15

　　2.1　研究步骤　16

2.2 研究的伦理　22

## 第三章　文化  27

3.1 文化的内涵　28
　　符号　28
　　语言　29
　　规范　29
　　价值　30
　　物质文化与工艺技术　30
3.2 文化的相关概念　30
3.3 文化差异　32
3.4 中国文化的特点　33

## 第四章　社会化  37

4.1 社会化的过程　38
4.2 社会化的执行机构　42
　　家庭　42
　　学校　42
　　同辈团体　43
　　大众传媒　43

## 第五章　团体与组织  49

5.1 社会团体　50
5.2 社会组织　53
5.3 官僚组织　54

## 第六章　越轨行为  59

6.1 越轨行为　60
　　失范论　62
　　文化传播论　63

标签理论　63
　6.2　越轨行为的类型与控制　64
　6.3　越轨行为的正面、负面功能　65
　6.4　犯罪问题　67

## 第七章　社会阶层 ……………………………………………… 71

　7.1　社会阶层的基本概念　72
　　　社会生物学的观点　73
　　　剩余论观点　73
　　　功能论观点　73
　　　冲突论观点　74
　7.2　社会阶级　74
　7.3　社会阶层的普遍性　77

## 第八章　少数团体：族群、妇女及老人 ……………………… 81

　8.1　少数团体的定义　82
　8.2　种族与族群　83
　8.3　妇女的差别待遇　86
　8.4　被歧视的老年人　87

## 第九章　家庭制度 ………………………………………………… 93

　9.1　家庭的功能与类型　94
　9.2　婚姻关系　97
　9.3　离婚与再婚　101

## 第十章　宗教制度 ………………………………………………… 105

　10.1　宗教的社会意义　106
　10.2　宗教的社会功能　107
　10.3　宗教的类型　109
　10.4　现代社会的宗教　112

## 第十一章　教育制度 ············································· 117

11.1 教育的功能　118

11.2 教育制度的结构　121

## 第十二章　经济制度 ············································· 125

12.1 经济制度类型　126

　　资本主义经济　126

　　社会主义经济　126

　　民主社会经济　127

12.2 现代经济的特征　128

　　大企业组织的出现与扩展　129

　　跨国公司的出现　130

　　私营小企业的衰退　130

　　妇女就业率的增加　130

　　工作疏离感的产生　131

　　休闲时间的延长　131

　　由科学管理转变到人际关系的企业管理方式　131

12.3 工业化与经济发展　132

## 第十三章　政治制度 ············································· 137

13.1 权力与政治制度　138

13.2 政治形态　140

　　民主政体　141

　　极权政治　141

　　专制政治　141

　　寡头政治　141

　　君主政体　142

13.3 权力理论　142

## 第十四章　集体行为 …… **147**

14.1 集体行为的特质　148

14.2 集体行为理论　151

　感染论　151

　互动论　151

　规范出现论　151

　聚合论　151

　游戏论　152

　价值增值论　152

14.3 社会运动　153

## 第十五章　人口现象与城市社区 …… **159**

15.1 人口资料　160

　人口普查资料　161

　人口统计　161

　抽样调查　161

15.2 人口现象　162

　人口转型　162

　人口组成　163

　人口增长　164

15.3 城市社区　167

## 第十六章　社会变迁：理论与对策 …… **173**

16.1 社会变迁的性质　174

16.2 社会变迁的理论　177

16.3 社会变迁的策略与代价　180

## 第十七章　现代化及其问题 …… **183**

17.1 现代化理论　184

17.2 现代化过程中的问题　187
　　经济现代化　188
　　政治现代化　188
　　教育现代化　189
17.3 中国现代化问题　189
　　伯格的资本主义革命　189
　　林德的三种效果　190
　　白鲁恂的文化层面的权势　190

简体版后记 ························································· 194

第一章

# 什么是社会学?

## 1.1 社会学的定义

一个人的生活往往受到他所居住的社会环境的影响。社会的规范、习俗、价值、信仰等都影响个人的日常生活。所以，当人们做一件事或表现一种行为乃至与别人互动时，都直接或间接地受到社会的影响与节制。

社会学是一门研究人与社会之间的相互关系影响的学问。更具体地来讲，社会学是一门研究人类行为及社会生活的社会因果关系的学问。社会学所研究的对象并不着重在个人，而是在个人与个人之间的互动，因为这种互动多少总是受到社会的影响与节制。人们在每天的生活里总会跟其他的人发生接触，这些来往接触因为受到社会的影响与节制，总会有一套既定的程序。在社会学里，这些来往被称做"社会互动"（social interaction），它是社会学研究的基本主题。社会学不大研究人们心里想些什么，或者人们的动机和人格，因为这是个人的内在特质（intra personal traits），是心理学常讨论的题目；社会学注重人与人之间的互动（interaction）。譬如，社会学不会对一个独自在房间里发呆的人有兴趣，一旦有人进来跟他说话、关心他，社会学就会探讨他们之间的互动情形。

社会学家所研究的问题总是围绕人与社会之间的关系。譬如，社会团体如何影响个人行为？社会体系的因果关系何在？哪些社会因素造成了社会变迁？社会变迁对个人及团体有什么样的影响？团体与团体间的互动关系对个人和社会又有哪些影响？社会组织有哪些功能？如果你翻阅一本普通社会学的教科书，你就会看到书里包含的讨论题目总牵涉社会互动、文化、社会化过程、越轨行为、各种社会组织与制度，以及人口与社会变迁等。

社会学既然是一门研究社会互动的学问，也许会有人认为它不怎么高深，只不过是重复一些众所周知的"常识"（common sense）而已。有些人会说他的社会经历多，比学社会学的人还懂社会学。真的是这样吗？倒不尽然。让我们举几个例子来说明众所周知的"普通常识"并不一定就正确。

常识一："高等社会地位的家庭成员比较独立、比较不顾家，所以比较容易离婚。"换句话说，很多人都相信社会地位越高，离婚率越高。其实，这并不正确。从统计数据上可以发现，贫穷人家或低社会地位者的离婚率较高。社会学家根据研究，就可以解释为什么事实跟普通常识不一样。

常识二："女人多情，比男人容易坠入情网，也比男人不易斩断情丝。"很多人都这样相信的。再加上小说的描述，自古女人多情，好像就成了定理。事实上，家庭社会学家和心理学家研究分析，发现男人比女人更易坠入情网，男人也比女人难断情丝。

常识三："女人是弱者，一哭、二闹、三上吊，所以女人容易自杀。"根据这个说法，那么女人的自杀率必然高于男人。验证资料的分析则发现事实并不然，男人的自杀率要高于女人。并且，社会学家也发现男人自杀的成功率（也就是说自杀致死）较高，但女人自杀的成功率较低（说要自杀，也曾经有过自杀行动，却没死的女人很多）。

常识四："没有受过教育的穷人最迷信。"其实也不尽然。受过高等教育或拥有财富的人也迷信，只是迷信的方式不一样而已。穷人可能烧香、喝香灰水治病，富人可能迷信风水或拜佛求平安。

从以上这些例子不难看出，普通常识或者大家所熟知的事并不总是符合实情。社会学家在研究社会时必须以客观和科学的态度和方法来分析社会，这样才不至于为普通常识所误导，或者制造出差异事实的结论。

社会学大致上依循四种主要的理论架构来指导。这四种主要理论架构，分别是：功能论、冲突论、交换理论、符号互动论，下面我们就介绍这些理论。

## 1.2 四种社会学理论

### 功能论（functionalism）

20世纪70年代以前，功能论曾经是美国社会学的主流理论，尤其在20世纪五六十年代几乎独霸美国社会学界。有两个主要的原因：

（1）美国社会在这两个时期正是太平盛世，社会安定，国势伟壮；功能论强调社会的稳定与整合，正适合解释当时的美国社会。

（2）当时哈佛大学的帕森斯（Talcott Parsons）教授及其遍布全国各地的门生正主宰着美国社会学界。

功能论的重点是探讨与解释社会各部门对整体社会的生存与延续的功能。因此，功能论的研究者所要问的第一个问题往往是："这个现象（或制度）对社会有什么样的功能？"譬如说：教育制度对社会有哪些功能？社会要求其社会成员行为一致又有哪些功能？功能论相信，社会里的成分和各部门对社会都有某种程度的贡献和功能；即使是一些看起来是破坏性的成分和部门，它们还是可能对社会有功能和有贡献的。譬如，越轨行为（deviant behavior）是指不符合社会所认定之行为规范的行为（例如犯罪、嗜赌、吸毒、嫖娼等），应该是只有破坏，没有贡献；但是功能论者却相信它们对整体社会运作仍有某种程度的贡献。这一点，将在讨论越轨行为一章加以讨论。

正因为功能论相信功能的存在，持这一观点的学者也就主张社会总是会往稳定整合的方向运行。他们指出，社会各部门是互相依赖的，就像自然界的有机体一样。如果某一部门发生变动，其他部门必然会受到影响而发生变动，把失调的社会体系再调整回来，以维护社会的整合。在功能论里，整合（integration）是指社会里各部门彼此均衡、相互吻合的境界，也就是一种没有严重失调（disequilibrium）的境界。

功能论对整合的强调，使得它蒙上一层保守的色彩，总不相信社会会产生激烈的变动或动乱与破坏。在功能派学者的眼中，社会问题只不过是暂时性的失调，社会本身一定会在互相依赖的原则下想出解决的办法，所以社会问题不至于毁坏社会。因此，功能论很少重视社会变迁的讨论和研究。但是美国及西方几个主要社会在20世纪60年代末期和70年代都遭受了激烈的变乱：学生运动、妇女运动、民权运动、嬉皮士文化、吸毒等社会问题充斥于这些社会里。在这种混乱的状况下，功能论强调的稳定整合，难以使人信服。一种以批判功能论起家的新理论趁势出头，这个新理论就是冲突论。

## 冲突论（conflict theory）

一种延伸自马克思（Karl Marx）的阶级斗争（class struggle）观点而发展出来的理论。它认为社会资源分配的不均等，乃是造成社会变迁的主要原因。因为资源分配很难均等，更是供不应求，所以社会总是在变，试图重新分配资源；然而，再怎么变也不会达到功能论所说的整合境界。

马克思阶级斗争论所提到的资源是指经济资源（economic resources）或生产工具（means of production）分配的不均。因此，社会大众分为资产阶级（bourgeoisie）与无产阶级（proletariat），两者为资产的分配而处于对立斗争状态。冲突论借用马克思的这种观点，但是认为资源不在于财产，而在于权力（power）的有无。有权力者成为支配团体（dominant group），无权力者成为受支配团体（subordinate group），两者为权力而斗争：人与人的社会互动基本上也是权力的交换与互动。

冲突论者认为人与人的关系事实上也是权力关系，总有一方掌权而居上，另一方无权而处于下。人基本上是自私的，只求权力的获取。因此，夫妇关系是丈夫有权而妻子无权的上下关系；所以妇女在大多数社会里都比男人地位低，婚姻里的丈夫也比妻子地位高。学生运动是无权力的学生向有权力的既得权势团体的抗争，各种各样的越轨行为是既得权势团体对无权力弱势团体的压迫。

冲突论者批评帕森斯的功能论是象牙塔里的乌托邦式的幻想。社会的实际状态不是整合，而是斗争与冲突。这种解释观点被广泛用来研究20世纪70年代的西方社会，因此使其受到年轻学者的欢迎，尤其是用在解释分析社会变迁与社会问题上。不过由于具有马克思主义的色彩，冲突论往往被视为激进社会学（radical sociology）的一种理论观点，意识形态的辩证多于科学验证的社会学理论。

功能论与冲突论的研究角度皆是从社会结构来着手，不谈个人行动者的单独角色问题，因此属于一种宏观社会学（macro-sociology）。而下面两种理论：交换理论与符号互动理论则是把重点放在个人行动者身上，所以属于微观社会学（micro-sociology）。

## 交换理论（exchange theory）

交换理论是一种综合心理行为科学与经济学观点的理论，相信人与人的互动必有目的（goal），也就是要获得酬赏（reward）。换句话说，如果一个人毫无所求，他就不会跟他人发生互动。这种酬赏可能是有形的，譬如学生去见老师要分数；也可能是无形的，学生希望向老师讨教。无论是有形或无形，都是一种酬赏。

交换理论认为互动的双方既然是有目的的，那么互动就会像经济行为里一种利害关系的计算：尽量减少成本（cost）或付出，更尽可能扩大其利润（profit）或酬赏。为了得到个人所要的利润，人们就必须付出代价。譬如，学生恭恭敬敬地去找老师要成绩这一类的互动，恭敬就是一种要付出的代价，要成绩就是一种目的酬赏。尽管这个学生对这位老师恨之入骨，却不能不恭恭敬敬（代价），以换取成绩（目的利润）。

交换理论认为人与人之间的互动是因为利害关系的计较，因此是动态的。互动的方式及内容不仅由互动的对象来决定，而且也受彼此利害关系的运作方式与目的的不同之影响。尤其是利润或酬赏并非绝对，惩罚或损害亦非绝对。同样的一种酬赏在不同人眼中，其价值并不完全一样；在不同的互动状态下其价值亦可能不一样。例如：互动论者指出如果一个人在互动过程中连续得到同样的酬赏，则其相对价值必然减少；由于个人在互动中欲寻求高酬赏，对此种获得同样酬赏的互动会减少兴趣。

交换理论同时也指出，个人在互动中所欲获得的利润与所要付出的代价往往成正比。也就是说，代价越大，利润就越高。例如：一个人在恋爱过程当中，越是追不到对方，越是死心塌地地认为是真爱，值得追。这就是代价与利润相对高低的问题。

目前，交换理论在社会学上用得最多的是小团体的研究，也用在夫妻关系的解释上。不过，由于对社会互动过于经济化的解释，交换理论是社会学目前四大理论当中，应用范围最小者。

## 符号互动理论（symbolic interactionism）

这也是一种重视个人在互动中角色运作的理论，从社会心理学的观点来解释社会互动的动态性。符号互动理论认为互动既然受社会的影响，那么互动过程中双方所使用的语言、手势、姿态、表情，皆受社会的界定。在同一个社会成长的人们能够彼此进行有意义的互动，就是因为对这些符号（symbols）有共同的了解，例如：中国人碰面时，往往会说："吃了没？"中国人懂得这句话的含义，是用来打招呼的。可是外国人不懂，可能就认为是要请他吃饭。

符号互动理论认为人与人之间的社会互动，是经过一套了解与解释的动态过程。个人对互动对方所表达的行动的反应不是本能或体质上的自然反应，而是根据社会情境的现场加以判断，然后再根据自己的思考结果而表达出应对的行动。这些运作过程通常是通过符号的使用而进行的。

目前，符号互动理论在社会心理学方面的应用相当普遍，从对社会化过程的分析到越轨行为的研究，由符号互动理论延引出来的解释观点很多。标签理论（labeling theory）是符号互动理论的一个旁支，它认为一个人的行为本身并不是决定其好坏对错的主要因素，人们或社会对该行为的标签才是最重要的决定因素。换句话说，一个人犯了错，并不一定是他做的事真的错了，而是人们认为他错了。就像在社会互动中，个人行动可能因对方误解而导致完全不同的反应。

上面介绍了四种社会学主要理论观点。但我们必须提醒读者，任何一种理论都有其长处与缺陷，千万不可坚持一种理论而完全排斥其他理论，能够持一种综合性的观点是比较中庸的。从这样的一个观点来看，社会学对社会互动的解释大致可以归纳如下图：

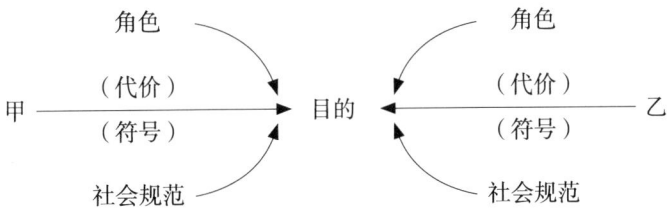

**表1-1　社会学主要理论**

| 理论 | 分析层次 | 社会本质 |
| --- | --- | --- |
| 功能论 | 组织层次的宏观分析 | 社会由相互关联的部分组成，各部门间相互合作以维持社会的均衡。这种均衡状态在反功能的行动及制度下会遭受威胁。 |
| 冲突论 | 社会团体、组织冲突的宏观分析 | 社会的特质是社会里的不均；社会生活是一种对稀有资源的争夺。社会的组织安排有利于某些团体，却剥削其他团体。 |
| 交换理论 | 以个人交换互动为对象的微观分析 | 社会行为是利润与成本的理性计算，人们总是在互动中争取最大的利润或报酬；也总是减少或避免惩罚。 |
| 符号互动理论 | 以个人为对象的微观分析 | 社会是个人与团体互动的总合。个人行为是在与他人互动中习得的；人们对情境所下的定义成为他们行为的基础。 |

在表1-1中，角色（role）与规范（norm）都是社会对互动环境的界定，有其特定的运作功能；代价的计算与符号的使用都依个人行动者的决定而弹性运作，甲乙双方互动都是受某一目的而启发的。

在社会学里，角色是一个人在身份（status）上所负担的任务。身份则指其享有的权利。两者是一体两面。例如，教师，从角色的角度来看，要教导学生，春风化雨，这是做老师的义务；从身份来看，教师享有管制学生、训导学生的权力。我们在与其他人发生互动时就会受角色的影响而产生不同的方式；尤其我们所扮演的角色不仅在一生中有所变化，即使在同一天里，也可能同时扮演数个不同的角色。例如，我们同时扮演子女、学生、兼职者三个角色。与双亲互动时，扮演的角色是子女；在学校上课与老师互动，则是学生的角色；在外面兼职，则又是受雇者的角色。这三个角色的性质不一样，互动方式与意义自然也不会完全一样。所以在互动时，我们必须先明白自己当时的角色，也应该尽量了解对方的角色，这样的互动才会顺利。

规范，在社会学中是指行为准则，用来指导人们的行为，哪些可以做，哪些不可以做。在什么场合又该怎么做？当互动的状态改变时，社会所加诸的规范也就可能不一样。例如，婚宴场所，人们可以嘻嘻哈哈，满怀喜乐；但在丧礼场合，则必须肃穆哀伤。人们必须按照规范所预定的行为来做，否则就会被排斥与处罚。社会学家相信当大多数的人按照社会规范来做事时，社会就会比较稳定，而且人与人之间亦会比较和谐。理想规范（ideal norms）是指一种理想完美的行为准则，而实际规范（real norms）则是真正表现出来的行为模式。中国人讲孝道要求终生侍奉父母，为父母养老，这是理想规范；在当今的台湾家庭很难做到，有孝心者只好尽心尽力，或找外来劳力来照顾父母。这是实际规范，不理想但可接受。

价值（value）是指规范里那些好的、值得称赞的或有高度美德的行为。孝道伦理、尊师敬老都是中国社会里很重要的价值，隐私权则是美国社会里的一项重要价值。

总而言之，社会学是一门研究人与人之间在社会影响下互动的社会科学。社会学家相信想要了解分析人的互动，就必须先了解互动者的周遭社会环境。

## 1.3 社会学与其他社会科学的关系

社会学是社会科学里的一门学科。因是社会科学，社会学家所提的理论并不是永久的真理，不像自然科学里的一加一等于二的不变真理；社会学家只是用客观无偏见的、求真的科学态度从事研究而已。其他社会科学如经济学、政治学、人类学、历史学的科学性亦是如此，心理学也是社会科学的一种。至于社会工作，有些人认为是社会科学的一种，另一些人则认为它是一种专业训练，不能算是学科的知识探求。这些社会科学都有一个共同的研究对象：人。社会学与其他社会科学的关系是十分密切的。

### 经济学（economics）

一门分析生产与消费之间关系的科学，它注重分析货品的生产量、分配、销售、价格及利润成本的关系；这些也就是指人的经济行为。在所有的社会科学里，经济学往往被认为最具科学性，因为经济学里的名词概念定义相当一致，没有混淆不清的困扰。同时也是因为经济学分析工具相当数据化，统计分析较有客观性。

## 政治学（political science）

一门研究政府体系及政治行为的社会科学，它分析权力结构、政治行为、领导品质及民意趋向等的政治行为层次。

## 历史学（history）

一门研究人类过去历史的社会科学，也就是已经发生的历史事件或人类文明。历史学家比较偏重于个案的研究，把一个历史事件由始至终加以描述分析讨论。所以，统计的数量分析在历史学研究里并不多见。

## 人类学（anthropology）

与社会学最接近；事实上，两者的区分有时并不明晰。人类学比较注意传统文化，或初等未开化的社会，而社会学的重点是当代工业复杂的社会。人类学的主要研究方法是观察法，以研究者个人的观察来描述文化，社会学则注重数量分析。

## 心理学（psychology）

重点是人的内在特质，例如智能、记忆力、人格、态度等。实验法是心理学的主要研究方法。心理学研究对象是个人或小团体，其人数比社会学要少些。心理学里的社会心理学重视社会因素，与社会学息息相关。

## 社会工作（social work）

主要任务是训练一批扶助社会弱势团体成员的救济专业人员，所谓弱势团体是指在社会里受不公平待遇或遭遇困难者，社会工作者的作业原则主要借助心理学和社会学理论引申而来。

由于上述这些社会科学研究都是以人为研究对象，所以彼此之间的关系很深。同样的一个社会现象或个人行为都可能同时引起上述各个社会科学的兴趣与关注，只是彼此间所持的观点和研究方法有所不同而已。例如送礼这种习俗，社会学家可能把它看做增加社会和谐的一种社会规范，经济学家则考虑到礼品的生产与销售，政治学家可能从仕途升迁的角度来看等。社会学的学生不能一味地肯定社会学的解释方式才是正确的，更不宜指摘其他社会科学。

## 1.4 社会学简史

社会学在今日的社会科学界有其一定的学术地位，它的发展与社会的发展息息相关。最早用社会学这个名词的是法国学者孔德（Auguste Comte，1798—1857）。他在19世纪中叶创立社会学，用以对社会作系统性和科学性了解。德国的马克思（Karl Marx，1818—1883）虽然不是一位纯粹的社会学家，但是他的思想却大大影响了以后的社会学的发展。英国的斯宾塞（Herbert Spencer，1820—1903）是一个持进化思想的学者，他把社会看做一种有机体的想法影响了后来的功能论。

但是真正把社会学带进大学课程独树一帜的人是法国学者涂尔干（Emile Durkheim，1858—1917）。他认为人的行动必须受社会的约束，即使像自杀这种看起来完全是在个人意愿下的行为，其实也是受社会影响的。他指出：社会控制太严，会造成人们为社会利益而自杀，他称这种自杀为"利他型自杀"（altruistic suicide）；但若控制太松，自杀则完全为自己，是所谓的"利己型自杀"（egoistic suicide）；如果社会规范不明确时，人们则可能因无所适从而发生"失范型自杀"（anomic suicide）。所以自杀的人并不一定就是心理不正常；自杀可能是受社会制度影响产生的一种行为。涂尔干对分工、宗教、社会整合的研究也都有重大的贡献，他用在自杀研究上的方法更成为后来社会学研究方法的一个范例。

几乎同一时期，德国学者韦伯（Max Weber，1864—1920）对社会行动的解释，为未来的社会学理论开拓了一个广阔的空间。韦伯对行动动机、官僚体系、宗教制度、社会阶层、政治权威，以及工业化的分析解释，可以说左右了20世纪的西方社会学，今日社会学的许多研究或专题讨论都直接或间接地受到韦伯的理论影响。韦伯是一个很标准的宏观社会学者，虽然他的出发点是为了了解个人的社会行动，但是他的理论的最主要论题却是西方社会在工业化冲击下的变迁。他认为西方社会变迁是由"非理性的传统社会"变化到"理性的官僚体系社会"；基督新教的理性商业价值体系导致西方社会资本主义的出现，而后再进展到以理性官僚体系为中心的"工业化的现代社会"。

欧洲的社会学在19世纪末传到美国。芝加哥大学的社会学系，从1895年创立一直到20世纪30年代都是美国社会学的重镇，社会学名家辈出，包括库利（Charles Cooley）、派克（Robert E. Park）、托马斯（W. I. Thomas），以及社会心理学领域的米德（George H. Mead）。

芝加哥社会学常被称为芝加哥学派（Chicago School），其特点有二：社会心理学的色彩很浓；对城市社会研究的贡献巨大。前者是今日符号互动理论的先声，后者则把美国的社会学由欧洲的历史宏观转移到美国功利式的验证策略上。

20世纪30年代晚期，由于哈佛大学帕森斯学者的出现，芝加哥学派而丧失其领导地位。美国社会学的中心就由哈佛大学取而代之。从此时期一直到70年代初期，帕森斯学者（the Parsonians）分布在全美国主要学府重镇，掌握了美国的社会学，帕森斯的功能论被认为是当时美国社会学的唯一主流学派。

但是，由于60年代末期和70年代美国社会正经历内忧外患，帕森斯保守意识形态的功能论逐渐为年轻的社会学者所排拒。重视社会冲突、社会亚文化及社会问题研究的加州大学伯克利分校乃取哈佛而代之，成为新的社会学中心。当时著名社会学家云集，不仅包括年轻的一辈，还有一群老派的帕森斯学者，盛极一时。不过，80年代美国再趋平静与回归保守之后，伯克利领袖群伦的风光已不再。今日美国社会学的中心不很明显，而美国社会与学术界对社会学的重视亦相继降低。可以说美国社会学在80年代晚期与90年代初期处于低潮期；欧洲社会学的批判理论正逐渐抬头，但是仍然没有到成熟的地步。因此，可以说今日世界的社会学界是群龙无首的混乱局面。

# 1.5 社会学的用途

社会学到底有什么功用？尤其是一般不以社会学为专业的人认为，社会学未免太普通了些。其实，社会学的知识与训练对一般人来讲，至少有以下几种用途：

（1）社会学既然是研究社会生活的每一部门，它应该有一个社会人有必要知道的知识。人的社会生活将因社会学知识而更加充实。

（2）社会学告诉人们做人的道理。它并不说教，却让人们了解自己与别人的关系，更让人了解自己在社会大环境下的处境，因此可以用来做其为人处世的基础，以及对人生、家庭、事业做正确的选择。

（3）社会学的知识与方法让人们在考虑事物时能注意到不同的角度。它告诉人们在分析思考时不仅要考虑个人的立场，也应顾及他人的立场，同时更应注意社会规范的运作。

（4）社会学研究强调方法论的训练，这种训练可以用于其他社会科学的研究。

（5）社会学的知识一方面让人们了解社会和谐的重要性，另一方面也能容忍越轨者和独特的个人行为，再经此而达到社会的整合。

对于一个以社会学为专业的学生，较现实、较具体的考虑问题应该是："主修社会学，得到学位以后有什么出路？"虽然社会学不是一种职业训练，但其出路可包括以下几种：

（1）社会学专业者由于受过统计与方法论的训练，可以在学术研究机构或其他团体单位里做资料搜集、统计分析及解释的工作。

（2）社会学专业者可以利用社会学的知识与训练，提供顾问咨询的工作。

（3）社会学目前分科很细，例如家庭社会学、医疗社会学、人口学、社会问题、社会组织，等等。在这些方面有专长的，可参与政府机构或民间事业从事相关的研究或推展工作。

（4）社会学专业者可以与社会福利和社会工作者配合，从事社会问题解决的研讨与实际工作。

（5）社会学专业者亦可以做传道授业的教师工作。尤其是在大学里，事实上，绝大多数获有博士学位的社会学家从事这方面的工作。

（6）由于社会学者接受多角度探讨的训练，可以担任行政主管工作。他们不仅了解人与人之间的关系，而且清楚组织结构的特质，在运作上自然会比较有效率，所做的决策亦较能顾虑多方面的因素。

总而言之，社会学是一门可以帮助个人了解自己，又可以协助社会探讨问题的科学。社会学的各家理论解释不完全正确，却可彼此相辅相成，社会学家若能以客观的科学观念来研究，社会学对个人和社会的贡献是无法衡量的。

社会学今后的发展虽然仍重视理论和纯社会学的研究，但更多的社会学家已走向实用的层次，希望提供社会学的研究成果做施政者的参考。近几年一些应用社会学，例如：犯罪学、越轨行为、婚姻与家庭、老年社会、工业社会学及医疗社会学都已经成为引人注目的社会学的实用范例。相信以后的社会学将是纯社会学与实用社会学共同发展。

## 延伸阅读

龙冠海，1966，《社会学》，台北：三民书局

蔡文辉，1979，《社会学理论》，台北：三民书局

蔡文辉，1985，《社会学》，台北：三民书局

顾忠华，1999，《社会学理论与社会实践》，台北：允晨文化实业股份有限公司

叶至诚，2001，《社会学概论》，台北：扬智文化事业股份有限公司

Abercrombie, Nicholas (2006) *The Penguin Dictionary of Sociology*. England: Penguin Books.

Goetting, Ann and Sarah Fenstermaker, eds. (1995) *Individual Voices, Collective Visions: Fifty Years of Women in Sociology*. Philadelphia: Temple University Press.

Johnson, Allan G. (1997) *The Forest and the Trees: Sociology as Life, Practice, Promise*. Philadelphia: Temple University Press.

Lenski, Gerhard, Jean Lenski, and Patrick Nolan (1993) *Human Society: An Introduction to Macrosociology*, 7th ed. New York: McGraw-Hill.

Littlewood, Barbara (2005) *Feminist Perspectives in Sociology*. Upper Saddle River, NJ: Prentice-Hall.

Stephens, W. Richard, Jr. (1999) *Careers in Sociology*. Boston: Allyn & Bacon.

Sullivan, Thomas J. (1992) *Applied Sociology*. New York: Macmillian.

Wallace, Ruth A. and Alison Wolf (1995) *Contemporary Sociological Theory*. Englewood Cliffs, NJ: Prentice-Hall.

## 练习题

1. 哪一门学科以科学的方法对人类行为及社会生活作系统性的研究和分析？
   A. 心理学　　　　B. 政治学　　　　C. 人类学　　　　D. 社会学
2. 社会学被认为是一种科学，因为社会学家_____。
   A. 在大学里开这门课　　　　　　B. 用科学的方法和态度做客观的研究
   C. 运用政府的经费做研究　　　　D. 提出的理论永恒不变
3. 社会学、人类学、政治学、历史学、经济学从不同角度来研究社会，所以它们皆属于_____。
   A. 自然科学　　　　B. 社会科学　　　　C. 病理科学　　　　D. 理念科学
4. 一般认为上流社会的人离婚率要高于下层社会成员。社会学的研究_____。
   A. 支持这种看法　　　　　　　　B. 不支持这种看法
   C. 发现这种看法是真理　　　　　D. 发现上流社会的道德差
5. 下面哪一位首创"社会学"这个名词？
   A. 孔德　　　　B. 涂尔干　　　　C. 斯宾塞　　　　D. 马克思
6. 涂尔干的失范（anomie）概念是指_____。
   A. 当社会失控时的无规范状态，造成人们无所适从
   B. 当社会现象混淆不清时
   C. 当研究作业时变量的因果关系欠清晰的状态
   D. 离婚者惶恐的心态
7. 研究或解释整个社会的理论属于_____。
   A. 全球化社会学　　B. 微观社会学　　C. 社会组织学　　D. 宏观社会学

8. 哪一种社会学理论把社会看做由一群相互关联的单位所组成?
   A. 功能论　　　　B. 冲突论　　　　C. 进化论　　　　D. 交换论
9. 哪一种社会学理论被认为最具保守色彩?
   A. 功能论　　　　B. 冲突论　　　　C. 符号互动论　　D. 交换论
10. 1935—1965年间,美国社会学中心在_____。
    A. 芝加哥大学　　B. 哈佛大学　　　C. 加州大学　　　D. 哥伦比亚大学
11. 美国功能学派最具代表的领袖人物是_____。
    A. 戈夫曼　　　　B. 米德　　　　　C. 帕森斯　　　　D. 米尔斯
12. 哪一种理论受马克思的影响最深?
    A. 功能论　　　　B. 冲突论　　　　C. 符号互动论　　D. 交换论
13. 哪一种理论特别重视互动中的酬赏与惩罚?
    A. 功能论　　　　B. 冲突论　　　　C. 符号互动论　　D. 交换论
14. 哪一种理论相信个人对情境的定义是个人行动的基础?
    A. 功能论　　　　B. 冲突论　　　　C. 符号互动论　　D. 交换论
15. _____是行动的准则,告诉人们如何做和该不该做。
    A. 社会角色　　　B. 社会规范　　　C. 社会价值　　　D. 社会公德
16. 涂尔干的自杀论把那些为社会利益而自杀的称为_____。
    A. 利己型自杀　　B. 利他型自杀　　C. 失范型自杀　　D. 爱国型自杀
17. 冲突论者认为人与人的关系事实上是建立在_____。
    A. 权力关系　　　B. 金钱关系　　　C. 资产分配　　　D. 性别角色
18. "一个犯了错误的人,并不一定是他做的事真错,而是人们认为他错了。"持这种看法的是_____。
    A. 功能论　　　　B. 冲突论　　　　C. 交换论　　　　D. 标签理论
19. 中国人讲孝道要求终生侍奉父母,为父母养老,在当今的台湾家庭很难做到,有孝心者只好雇佣劳力来照顾父母,社会认为这种安排可接受。社会学称此为_____。
    A. 理想规范　　　B. 实际规范　　　C. 传统规范　　　D. 越轨行为
20. _____是指规范里那些好的、值得称赞的或有高度美德的行为。
    A. 规范　　　　　B. 价值　　　　　C. 角色　　　　　D. 职务

第二章

# 社会研究法

## 2.1 研究步骤

社会学虽然不像自然科学那样具有高度的准确性，但是社会学对社会互动的分析与解释却也不能够凭空捏造。它仍然需要有资料的支持，才足以让人信服和接受。因此，社会学家在做研究时仍然要尽量客观，以科学的方法与态度来描述与分析其所研究的对象。为了达到科学与客观的目的，社会学的研究必须要有一定的研究步骤。

所谓社会学的理论（theory）是指一套对社会现象的解释，是建立在验证资料的基础上；研究用的假设（hypothesis）则是对两个或两个以上变量的相关程度的臆测。理论与假设的最大不同在于：假设系指对两种或两种以上社会现象彼此间关系的一种声明；而理论则包含一系列声明，用来解释或说明层次较广的社会现象间的关联。例如，涂尔干的自杀论指出，宗教信仰越虔诚的社会，利己式自杀率越低；这种就是一个假设，因为它仅仅指出宗教信仰与自杀率之间的关联。涂尔干自杀论的主要理论是指出社会聚合力影响自杀率的高低与自杀方式的不同；这是理论，因为聚合力是一个抽象概念，它不仅包括宗教信仰，还包括教育、社会化、婚姻等社会因素。

社会研究过程中一个主要的步骤是变量（variable，亦称变项）的设定。它是指一个可以测量的特质或个体。例如，教育程度是可以用来做变量的，因为它有高低之分，可用以测量其差别。通常，社会研究者把要研究的社会现象定为因变量（dependent variable，亦称因变项），把可能影响该现象的原因列定为自变量（independent variables，亦称自变项）。从逻辑关系来看，自变量是因（cause），因变量是果（effect）。如果用图来表示，自变量和因变量的关系如下：

也就是说，因变量的变动是受自变量的影响而来的。如果以涂尔干的自杀论为例，其因果关系如下：

因为社会现象的改变往往不止一个原因,所以通常研究者会列举两个以上的自变量,如上面的例子。有时候,研究者为了更进一步讨论自变量与因变量的关系,会把某些变量置成中间变量(intermediate variables,亦称中介变项),或者在因果关系中间直接置放一个中间变量。在这种情况下,这三个变量的关系如下:

以同一个例子来看,重新组合,新加中间变量后,其关系可能如下:

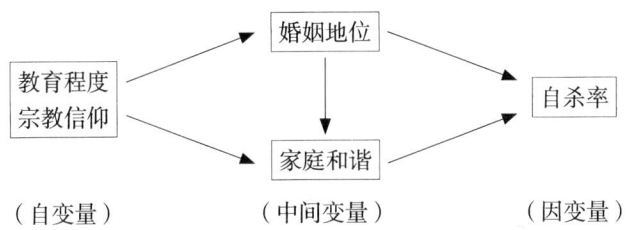

也就是说,自变量不直接影响因变量,而是间接地经由中间变量影响。社会现象的存在或变迁,通常不会只有一个"因",它对"果"的影响也很可能不是完全直接的,而是间接的。这种复杂的因果关系是每一个从事社会研究的人都要注意到的。

社会研究通常可以分为两种:一种是描述性研究(descriptive research),主要描述社会的事实状况,尽可能准确和具体地描述,不掺杂个人的偏见;另一种则是解释性研究(explanatory research),主要解释为什么。为什么这种现象会产生?为什么其他的现象不会产生?社会学研究的主要目标是解释多于描述。固然,描述准确是必要的,解释的功夫则比描述更具深度、更有意义;由"为什么"的探讨,社会学家可以预测类似行为或社会现象的发生。上面自变量与因变量因果关系的测试就是为了解释性研究而设立的。

社会学家经由变量之间因果关系的可能存在而建立假设(hypothesis)。例如"婚姻地位的有无(婚姻状况:已婚或未婚)影响自杀率的高低"或者"教育程度越高者,自杀率越低"都可以说是研究工作上的假设。至于怎样建立工作假设,一方面要看研究者所持的理论背景和观点,另一方面则要参考专家的研究结果或文献来决定。

社会学家在"工作假设"(working hypothesis)建立之后,下一步工作要做的是搜集资料来支持或推翻该假设。资料搜集(data collection)的正确与否会影响整个研究的可信度,务必非常地谨慎。

社会学家搜集资料所用的方法,大致是以下面几种为主:

### (一)调查法(survey),也称调查研究法(survey research)

这是目前广受欢迎的资料搜集方法,以计量来分析被访问者的态度、想法、意见、行为或感受等而得的资料的方法。通常,调查法可分为访问法(interview method)和问卷法(questionnaire method)两种。访问法是由调查者或其助理,以口头方式直接面对面或经由电话把问题说出,由受访者回答。问卷法则由邮寄或其他方式交给填表者在自选的时间地点填妥问卷表上问题的答案。访问法和问卷法最主要的区别在于:前者有访问员,在访问时,有问有答,不清楚的可以提供解说;后者则由填表人自己私下完成。

调查法问卷中所提问题的结构有两种:结构式问题(structured questions)和无结构式问题(unstructured questions)。前者类似一般考试用的选择题,有固定的几个答案让被访问者或填表者从其中挑选一项或数项。后者则是以开放式的问题由当事人凭自己的经验、想法、意愿充分自由地回答。结构式问题的优点是项目清楚,容易计量处理,但不够深入。无结构式问题因有自由发挥的机会,较能深入,然而答案可能失之于冗长或不得要领,难以做计量统计,费时费财。目前使用结构式问题的调查法较多。

访问法的优点是:(1)研究对象数量容易控制;(2)在访问员统一解说的情况下,被访问者对问题的误解机会较小;(3)由于能对样本追踪,其回收率自然较高。

然而,它也有其缺点:(1)所需时间、财力及访问员的训练,再加上受访者寻找的困扰等,都增加研究的时间与经费预算。(2)受访对象背景干扰因素大。例如:访问员不易进入高级住宅区,或找不到为生活奔波的低下层的样本。(3)访问员访问时的语气和态度也可能影响受访者的回答。

问卷法的优点是:(1)比较经济。不需访问员,省时省钱。(2)由填表者在不受干扰情况下回答,降低隐瞒的可能性。

其缺点则包括:(1)回收率低,受访者大多数不将问卷寄回,所以研究样本的代表性比较差,愿意填表又寄回的常是对该项调查题目有兴趣、有意见的,所以回收的样本原本就具有特殊的意义。（2）由于研究者不在场，填表者对题目不甚了解而有所误解，则无从侦知。（3）为减少上述误差，问卷上的题目要简单明了，于是不能做深入的探讨。然而，由于问卷法较经济，采用者日增；不仅在学术问题的探讨上，在商业经济行为及政治选举态度行为的调查上也都很受欢迎，尤其在大样本研究时。

调查法之所以受目前社会学家欢迎的主要原因是：

（1）可以做大数量的研究，几百人或几千人的样本都可以做。其他方法在这方面无法比较。

（2）可以运用统计的方法来整理和分析资料。尤其在计算机普遍使用情况下，统计法快速且较客观。

不过调查法也有其缺点，其中包括：

（1）现代社会，人们较重视隐私权，拒绝访问，或拒绝回答某些问题。

（2）被调查者常隐瞒真相，提供不实的回答。

（3）访问者因个人的偏见，有意或无意误导被调查者的回答。

（4）常因结构式问题采用较多而流于肤浅，不深入。

现在，调查法在社会学、政治学、经济学的市场调查及人口学方面都被广泛使用。这些社会科学对调查法的运用不仅是在学术研究上，而且也在实际应用上。统计学证明，只要依据科学方法选取的样本（sample）就能在各个特质上代表母体（population）。可以通过小数量的样本调查来推测整个母体的行为、态度或价值意向。例如：民意调查机构想了解台北市市民对中国统一的看法。并不必要访问每一个台北市市民，通常只访问一群具有代表性的样本户就可以了。虽然样本的代表性可能仍有误差，但是如果能按科学的抽样步骤来取样，误差则是可以控制的。

**（二）观察法（observational method）**

指调查者以亲眼观察的结果作为研究报告，再按学理加以分析解释。观察法可以分为参与观察（participant observation）和非参与观察（non-participant observation），前者是指调查者亲身参与研究对象的一切活动，希望能以一种"局内人"或"自己人"的角度观察，也就是让自己成为该团体的一部分来观察。后者则指调查者不亲身参与，以"局外人"的角度来观察。

观察法是人类学家最常使用的一种方法，它的优点是可以把当场发生的事件或行为实时描述出来以供分析。但是它也有一些严重的缺点：

（1）研究者个人的喜好偏见可能影响观察对象的选择与观察的结果。

(2) 研究者只能观察少数群众或事件，可能以偏概全，导致错误的报告。

(3) 观察法较适用于孤立的小团体或社区，工业化复杂的社会很难用观察法作整体的描述。

### （三）实验法（experimental method）

这是心理学的主要研究方法。在社会学里，社会心理学家对小团体的研究较可能用此方法，社会现象很难把它放在实验室加以控制做实验。采用这种方法时，通常社会研究者会把一群身份背景类似者划分为两个小组：一组是实验组（experimental group），另一组是控制组（control group）。被研究的、特定的自变量加诸实验组，而控制组则无，经过一段实验时期，再比较两组在行为或态度上有无因、自变量的引入而有所改变。这种方法虽然是科学界的方法，但是用在人类社会上，问题不少。因为人的行为态度暧昧不清，且经常变动。同时：（1）接受实验的人可能身体、心理上受损，无法弥补。（2）我们很难说这两组看起来相同的人就真的是同样的人。在自然科学里，相同的元素含有相同的品质；在人类社会里，信仰同一宗教的人并不等于是同样的人，其特质有所不同。因此，实验组行为的改变可能不完全受自变量的影响。（3）实验的对象人数不可能多，这就不容易具有代表性。

### （四）个案研究法（case study）

个案研究法是对某一事件、行为、事物或个人做彻底的研究分析，这种方法就像历史学家对某一个历史事件的发生前后做彻底分析一样。社会工作人员对其照顾对象的完整记录就是个案研究的应用，虽然社会学家也运用这种方法，不过不算多。

### （五）二手资料分析法（secondary analysis）

社会学家常利用现成的资料加以整理、分析与解释。例如：政府的人口普查、犯罪资料、社会福利资料等的应用，在社会学里是很普遍的；社会学家可以依据自己的研究兴趣或理论假设，重新分析这些资料；甚至可以做国与国、地区与地区间的比较。除此之外，已出版的传记、会议记录、报纸杂志及政府军志等皆可作为社会学家搜集资料之用。

二手资料的分析的两个最大的缺点是：

(1) 资料原始搜集动机和目的可能与社会学家的研究目的不同；其分类项目或有所不同，或项目分得不够细密。例如：台湾地区的教育资料十分详尽，各级学校数目及学生人数都有详细的各县市资料；然而研究的对象却是更细的市（区）间的比较，那么现成的二手资料就不容易取得。

（2）原始搜集者在整理、统计资料过程中错误难免；这些错误在二手资料的运作中，除非非常明显，否则是很难得出的。

以上几种资料搜集方法的选择使用要视研究者的目的和对象而定，资料搜集的得当与否影响整个研究的成败。资料搜集完以后，下一步工作就是资料分析。资料分析的方式根据研究者的研究主题与兴趣来定。如果研究者只是要对某一种社会现象加以描述，那么研究者通常会用统计方法中的比率、百分比、平均数、中位数等基本的指标来说明。除此之外还有一些统计方法也常被采用，如标准差（standard deviation）、相关系数（coefficient of correlation）。现将最简单、最基本的稍做介绍如下：

（1）**比率**（ratio） 数个数字以其一为基数所做的比较，例如性别比率是以女性100人为基础以衡量男性的比率。1997年台湾地区的性别比率是105.5，这表示，每100位女性，有男性105.5位有余。

（2）**百分比**（percentage） 指在一百分中所占的比率。1997年台湾地区的男性占51.3%，女性占48.7%。在做比较研究时，不同母体的数目常常相差很大，以百分比来做比较远比实际数字更为客观。

（3）**平均数**（mean） 数字的总和除以单位数目而得的平均数字。例如每户平均人口数，每月平均薪资，每班平均学生人数等。

（4）**中位数**（median） 这是指一组资料的中间数目，也就是说，如把该组资料按大小排列，有一半的资料高于中位数，另一半则低于中位数。例如：人口的年龄中位数可指出人口在年龄组合上的变化；美国人口的年龄中位数在1900年是22.9岁，1950年以后为30岁左右，明显显示美国人口的老龄化现象。中位数及平均数可一同使用以做更客观的解释。

除了描写或描述社会现象之外，社会学家更有兴趣的是找寻各变量间的关系，也就是统计学上所谓的"相关"（correlation），研究者可以应用统计的计算来决定变量间的相关程度。相关的形式大约有三种：

（1）正相关，即甲变量增加，乙变量随之增加。
（2）负相关，即甲增加，乙反而减少。
（3）无相关，即甲的改变对乙的改变没有影响。

相关是表示两个变量有关联，但并不说明哪一个是因，哪一个是果。因果关系的决定通常要符合三个要件：

（1）变量应该发生在因变量之前，否则就不会影响因变量；没有因，自然没有果。

（2）二者应该有相关，否则就无所谓因果关系。

（3）假性的相关应该除清；乍看之下，变量间似乎有相关，实际则不然。例如：统计资料显示外籍劳工犯罪率高，如深入探讨，外籍劳工并不是造成高犯罪率的因，真正原因在于外籍劳工的低收入、语言不通、无亲无故等。

## 2.2 研究的伦理

社会学的研究可以分为两种：一种是纯粹为学术或求知识而做的研究，亦即"纯研究"（pure research）；另一种是为实际解决社会上的问题而设计的研究，即"应用研究"（applied research）。涂尔干为了解自杀的社会因素所做的研究是一种纯研究，政府委托学者进行有关老人问题的研究是应用社会学研究的例子。纯社会学与应用社会学间的比较可参考图2-1。

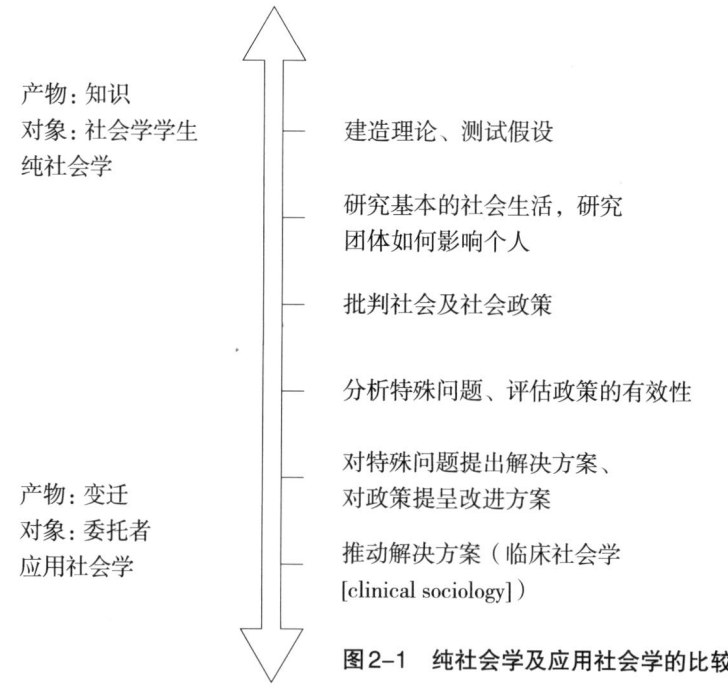

图2-1　纯社会学及应用社会学的比较

无论是纯研究或应用研究，社会学家从事研究工作时必须注意研究的专业伦理：

第一，研究必须严守求真的科学原则，不能为了本身的理论观点或研究计划经济支持单位的利益，而故意歪曲研究结果、误导读者。这种现象在应用研究方面比较容易发生，例如：某政治人物委托民意调查机构做选举前投票意向的分析，研究计划负责人修改研究方法与结果，以取悦该候选人。

第二，研究者应尽力保护被研究者的隐私权，不让个人资料曝光，如此才能得到被研究者的信任与合作，当然更不可欺骗当事人。

第三，任何研究都不应让参与者受到任何伤害。除了上述个人资料未被保密而曝光所造成的伤害外，还包括在实验法运作中参与"实验组"对象在心理上或身体上的伤害。曾有这样一个研究例子：一位心理学家在做角色的实验中，把学生对象分为两组，一组扮演囚犯的角色，另一组扮演狱吏的角色，研究两组的互动方式。经过几天的实验，发现扮演狱吏角色的一组存在使用暴力制裁囚犯一组的现象，给囚犯一组学生造成身体上的伤害。因此，不得不把实验叫停，以免伤害加深。美国政府对这种研究有相当严密的规定，各大学也都设有专门委员会或小组，负责审查或监督社会或个人的行为研究。

第四，社会学研究者必须对研究的结果负责。早期的社会学家，如韦伯，强调社会学家的绝对客观性（objectivity）及价值中立性（value neutrality），认为社会学家的任务是把事实现象加以分析说明，不应因个人或社会团体的意见而影响研究的结果。至于社会团体或个人如何利用这些资料则不是社会学家的责任。近年来，一些社会学家都认为社会研究者必须对其研究后果负责，不仅要保护被研究者，而且也不能受研究资助机构的影响而歪曲事实。

社会科学研究有些并非十分纯正。尤其是为了迎合资助机构和单位的要求，在研究过程和研究结果的整理上受其影响。因此造成社会研究误导社会的困境，这是需要解决的。最后，我们要提的是个人计算机的运用给社会研究者带来更多的方便。统计学公式的处理，例如：社会科学研究所用的SPSS（Statistical Package for Social Sciences）可以通过计算机的处理，很快把资料统计出来。

社会研究的主要目的是给社会学理论和解释提供验证资料的支持，而社会学理论亦是研究者的指导架构，二者是不可分割的。

## 延伸阅读

龙冠海，1968，《社会研究法》，台北：广文书局

林义男，1982，《社会统计》，台北：巨流图书股份有限公司

李沛良，1989，《社会研究的统计分析》，台北：巨流图书股份有限公司

Babbie, Earl（1998）*The Practice of Social Research*, 8th ed. Belmont, CA: Wadsworth.

Bradburn, Norman, and Seymour Sudman（1988）*Understanding What They Tell Us*. San Francisco: Jossey-Hass.

Denzin, Norman K., and Yvonne S. Lincoln, eds.（1994）*Handbook of Qualitative Research*. Thousand Oaks, CA: Sage Publications.

Nachmias, Chava（1997）*Social Statistics for a Diverse Society*. Thousand Oaks, CA: Pine Forge Press.

Neuman, William L.（2005）*Basics of Sociological Research*. Boston: Pearson.

## 练习题

1. 对两个或两个以上变量的相关程度的臆测是研究过程中的_____。
   A. 理论　　　　B. 操作定义　　　　C. 假设　　　　D. 诠释
2. 研究者发现人的生命余年因阶级地位的高低而不同。在这里，阶级地位的高低是_____。
   A. 自变量　　　B. 因变量　　　　　C. 主变量　　　D. 应变量
3. 社会研究者以访问或问卷的方法来搜集资料，这属于_____。
   A. 调查法　　　B. 计量法　　　　　C. 二手资料分析法　　D. 内容分析法
4. 当研究者以亲身参与的经验做解释分析，这是一种_____。
   A. 调查法　　　B. 观察法　　　　　C. 二手资料分析法　　D. 内容分析法
5. 目前最广受欢迎使用的资料搜集方法是_____。
   A. 调查法　　　B. 观察法　　　　　C. 二手资料分析法　　D. 内容分析法
6. 社会学是一门科学，因为_____。
   A. 社会学采用统计分析
   B. 社会学理论是永恒不变的真理
   C. 社会学家以科学的方法与态度来描述与分析其所研究的对象
   D. 社会学很实用
7. "教育程度越高者，自杀率越低"的假设里，自杀率是_____。
   A. 自变量　　　B. 因变量　　　　　C. 主变量　　　D. 应变量

8. 由调查者或其助理,以口头方式直接面对面或通过电话把问题说出,由受访者回答的资料搜集方法是_____。
   A. 访问法　　　B. 观察法　　　C. 二手资料分析法　　D. 调查法
9. 访问法的优点是_____。
   A. 研究对象数量容易控制
   B. 在访问员统一解说的情况下,被访问者对问题误解的机会较小
   C. 由于可对样本追踪,回收率较高
   D. 上面三项都是
10. 人类学家最常用的资料搜集方法是_____。
    A. 调查法　　　B. 实验法　　　C. 观察法　　　D. 问卷法
11. 一位社会学家把课堂上的学生分成两组:一组的学生每天看一部说英语的电影,另一组则没看电影。这样连续一个月后,他发现看电影的这一组行为变得比较洋化。在这项实验法中,没看电影的这一组是_____。
    A. 实验组　　　B. 控制组　　　C. 观察组　　　D. 偏差组
12. 美国人口的年龄中位数在1900年是22.9岁,这是说美国该年的_____。
    A. 平均年龄是22.9岁
    B. 一半人口高于22.9岁,另一半低于22.9岁
    C. 中年人口始于22.9岁
    D. 22.9岁为成年年龄
13. _____指一种为实际解决社会上的问题而设计的研究。
    A. 应用研究　　B. 纯研究　　　C. 社会工作　　D. 社会政策
14. 社会学家利用人口普查数据、会议记录、传记、回忆录、报纸杂志作为分析资料的方法是_____。
    A. 访问法　　　B. 观察法　　　C. 二手资料分析法　　D. 问卷调查法
15. 韦伯认为基督教新教的伦理是资本主义出现在西方社会的最主要因素。从研究设计的角度来看,基督教新教的伦理是_____。
    A. 自变量　　　B. 因变量　　　C. 主变量　　　D. 应变量
16. _____是类似一般考试用的选择题,有固定的几个答案让被访问者或填表者从其中挑选一项或数项。
    A. 结构式问题　B. 无结构式问题　C. 圈选式问题　D. 计算机式问题
17. 下面哪一项是问卷法的优点?
    A. 比较经济,省时省钱　　　　B. 问题清楚,不易误解
    C. 有高回收率　　　　　　　　D. 以上三项都是
18. 调查法的缺点是_____。
    A. 现代社会人们较重视隐私权,拒绝访问,或拒绝回答某些问题
    B. 被调查者常隐瞒真相,提供不实的回答

C. 访问者因个人的偏见,有意或无意误引被调查者的回答

D. 以上三项都是

19._____是对某一事件、行为、事物或个人做彻底的研究分析。

    A. 实验法      B. 个案研究法      C. 调查法      D. 问卷法

20. 社会学研究必须要价值中立的主张是谁提出的?

    A. 帕森斯      B. 韦伯      C. 涂尔干      D. 孔德

# 第三章

# 文化

## 3.1 文化的内涵

从广义来讲，文化可指人类一切非生理遗传所创造出来的客体。换言之，文化是人类所创造出来以适应环境的思想、价值、工艺技术、信仰及行为模式等。文化是经由学习而代代相传延续的，而非生理遗传。它包括物质文化（material culture）和非物质文化（non-material culture）。物质文化是指人们所创造的工艺技术，例如衣物、房屋、器械等；而非物质文化是指人们的思想、价值、宗教信仰及使用物质文化的行为规范等。非物质文化有时亦被称为精神文化（spiritual culture）。

文化与社会并不完全一样。文化是指社会的共同传统的体系，而社会是由一群居住在同一地区的互相来往互动的人所组成的。同一社会里的人可能会有不同的文化，而享有同一文化的人也不一定就构成同一社会。在中国，我们可以体验到麦当劳、星巴克咖啡、美式英语等美国文化，但中国并非美国社会的一部分。在面积较大或人口较多的社会里都可能有数种不同的文化。文化是经由学习而来，所以，同一社会里的人往往拥有类似的文化。中国人说中国话、用筷子、用算盘等并不是天生的能力，而是学习来的。事实上，有不少的文化项目，我们仍然不清楚其来源，但经由学习而代代相传。文化项目也不一定是合乎科学的，但却能代代相传，被人们接受。

人类学家认为文化有以下几个主要的成分。

### 符号（symbols）

数字、文字、标志、表情、手势、姿态等皆为符号。符号是指那些含有代表或意指其他事物的表征。握手是一种社会互动的符号，它代表和谐友好。书写文字也是代表某种意义或事物的符号。符号的定义往往随着社会的不同而界定。它并没有一定的准则可依循，符号与其所代表的事物常常不一定要有关联。例如，"+"字代表红十字的急救服务；在信奉基督教的社会，"+"字代表着耶稣受难的十字架。我们中国人可用手指来代表数字，伸出大拇指小拇指表示六，大拇指及食指同时放出则象征中文里的八。又如握手、拥抱等都是表示友好的符号。同一社会里的人们之所以能够彼此互动沟通正是因为他们对所使用的符号有共同的认识与类似的定义。中国人使用同样的语言，因此交谈起来方便得多。外国人与中国人互动不方便的原因之一是符号的认识不一致。在第一章里，曾提到社会互动必须借着符号的运用才能进行，所以共同的符号定义是社会互动的基本条件之一。符号也是文化的基本要件。

## 语言（language）

语言是所有符号中最主要的一种。经由语言的声音或文字书写，人们表达个人的感情与意念，并借此与其他人互动。人类与其他动物最大的不同就是语言表达及沟通的能力。语言的使用是每一个人类社会都具有的特质，然而，世界上拥有数千种不同的语言文字。人们的语言能力也并非与生俱来。我们只能说人类的生理结构具有发展语言的潜能，但要学习语言，乃至用语言来沟通，则是在社会互动中习得的。语言影响人们的思想和经验，语言学家认为人们经由语言而认知自然和宇宙。不同社会里的人使用不同的语言，因此他们对周遭事物的看法亦有所不同。中国人喜欢用"差不多"、"马马虎虎"表示其对世事的看法和要求；中文里的名词如伯叔、兄弟、姊妹、姨舅、表堂等分得清清楚楚，这正表示我国社会对长幼之重视，对同姓、异姓亲人关系的界定。通过语言直接影响人们对社会，对世界、宇宙的认知。语言学家萨丕尔（Edward Sapir）和沃尔夫（Ben-jamin Whorf）在其"萨丕尔—沃尔夫假设"（the Sapir-Whorf Hypothesis）里就指出："人们只有通过语言才能产生对世界的概念，于是语言引导我们观看世界的方向；语言模塑人们的心灵，也限定人们对世事的想法；同时语言也受文化的影响，导引人们对某些现象的重视及对其不同的解说。"

## 规范（norm）

社会规范是指社会所制定的一套行为准则：提示人们什么可以做，什么不能做，什么时候做，怎么做等。美国社会学家萨姆纳（William G. Sumner）认为规范可以分为两种：第一种是民俗（folkways），指行为规范里的风俗部分，亦即习俗上的做法。中国人去拜访人家，习惯上要随身带点礼物，参加婚礼一定要送红包等都是风俗习惯，也是民俗。第二种是民德（mores），指一些影响社会生存或延续的行为规范。对杀人者的惩罚就是依民德的角度来定；近亲禁婚也是民德的一种，因为近亲成婚可能影响人口品质，进而威胁社会的延续。

民俗因为只是习俗，所以违反者的惩罚不重；民德则因牵涉社会的生存与延续，对违反者的处罚通常就比较严重，被关监数年，甚或死刑。至于何种是民俗，何种是民德，常因时间与社会而不同。

### 价值（value）

价值是指社会里人们对事物或行为的好恶、对错的观念看法。社会价值指导其社会成员分辨哪些好，哪些不好；合适，不合适；漂亮，不漂亮；喜欢，不喜欢。社会价值与规范往往共同影响社会成员的行为。价值往往不只是正面的，常有正反两面。孝顺父母是正的价值，不孝顺父母就变成反的价值。同样，人长得高挺就英俊漂亮，长得矮胖就丑死了。人们的情绪往往会影响价值观的判断。

### 物质文化与工艺技术（material culture and technology）

除了上述非物质文化之外，工艺技术也是文化成分里的重要一环。社会创造物质文化和工艺技术，以维持和改进生活水准，应对自然环境的挑战。物质文化与非物质文化的发展有时候并不能同步，这造成二者间的差距，社会学家奥格本（William F. Ogburn）称之为"文化滞后"（cultural lag，又称"文化失调"）。在社会发展的经验中，工艺技术往往首先发展，而人们的社会价值体系并未能配合发展，于是文化滞后现象随之发生。例如：台湾地区的交通状况混乱是众所周知的事实，如果从文化滞后的角度来看就是汽车和机车的使用已普遍，而人们对驾驶及对遵守交通规则的观念却配合不上的缘故。

一个社会有时候为了强制执行某种行为或做事的方法，而将之行诸文字，这种由政府的执法机构来强制执行的民俗、民德等就成为法律（law）。虽然法律的权威相当大，人们对法律也相当畏惧，但是法律有时并不一定就比民俗更能让人们遵从。例如中国民间在财产继承方面，顺从民俗的例子要比遵从法律的多；法律规定子女均可继承财产，然而民间往往将财产只分给儿子。

## 3.2 文化的相关概念

文化既然是一个社会对周围环境适应的方式，它就成为社会成员保障其固有生活方式的措施。于是，每一个社会都多多少少会认为自己的观点、生活与适应方式是最好的，自己的文化优于他人，并极力保护自己的文化。这种以自我文化为中心的优越感,就是一种"文化本位主义"(ethnocentrism,又称"族群中心主义"),亦即俗称的"民族中心主义"。这种优越感将自己文化看成进步优胜的,而将别人的文化看成低等野蛮的。中国自古以来就认为自己居天下之中,其他民族都是夷;本地人看不起外来的;美国把许多国家都视作不发达国家。这些都是"文化本位主义"的表现。

虽然如此,文化本位主义对社会也有一些功能和贡献。一方面它提高了人们的团结心和认同感,相信"我们"的文化比"他们"的文化优越。另一方面,文化本位主义提高了人们对外的同仇敌忾心理,以抗拒外侮,为了保护"我们"的文化而奋斗。不过从另一个角度来看,文化本位主义往往变成保守人士反对有意义的改革的最大借口;同时也造成人们彼此间的敌意,难以给其他文化合理公平的评价与赞赏。文化本位主义,古今中外皆有,是文化概念里面常见的现象。

一个与文化本位主义相对的现象是"崇他文化中心主义"(xenocentrism)。这种现象事实上就是媚外主义,一切外来的文化都是好的、优越的。例如:国人就认为留洋的返国学人就比国内出身的要优秀;洋烟、洋酒也比国产烟、酒好;美国人在买汽车和电器用品时,相信日本汽车和音响品质高,香水和服饰则向法国看齐,喝啤酒则要德国进口的。

不论是文化本位主义或崇他文化中心主义都没能客观地评价外来文化。人类学家认为我们应该提倡一种"文化相对论"(cultural relativism,又称"文化相对主义"),也就是以文化使用者本身的眼光来讨论评价,而不应以外人的眼光来论断。例如,中国人吃饭时高谈阔论,外国人总是觉得我们没教养,这种就是偏见;文化相对论者认为应从中国人的立场来看待吃饭时高谈阔论的行为。有些中国人、韩国人吃狗肉,美国人用社会福利粮票买食物给狗吃,以外人的标准来看,都是不可思议的;如果从文化相对论角度来看,这些行为自有其理由。有些人认为文化相对论是用来掩饰落伍野蛮文化的一种借口,它阻碍了文化该有的进步机会。例如,有不少东方男性是大男子主义者,在家高高在上,认为自古已然,是理所当然的,完全没有改变的必要。如果从文化相对论的角度来看,应该容许大男子主义的存在,而不应干扰它。

文化所包含的方面错综复杂,往往会有格格不入或相互矛盾的地方,像前面所提的文化滞后就是一种。如果文化内部各个成分都能融洽而相辅相成,那么就实现了"文化整合"(cultural integration)。不过,文化是不是真能达到整合的地步,难以定论。倒是"文化困惑"(cultural confusions)的情况常见。也就是说,人们因两种不同、甚或相互冲突的文化系统而不知所措。例如:在中国社会里,一方面我们希望大家不喝酒不抽烟，可是在许多场合却又敬烟敬酒。要抽要喝明知不可以，可是不抽不喝却又不礼貌。美国人几乎个个都寻求减肥，可是市场卖的、冰箱存的都是各式各样的"垃圾食物"（junk food）。

由于上述的文化困惑，文化里乃有"理想文化"（ideal culture）与"实际文化"（real culture）之分。那些社会上大众所公开支持的文化是所谓的理想文化，但是理想文化的背后往往存有一种人们所实际表现的文化。也就是说，表面的要求是一回事，做起来则是另一回事。例如，社会对政治领袖角色的一项规范是要诚实，但是许多政治家为了赢得选票却又公开说谎。又如，社会要求大家尊重公共道德，可是人们却乱倒垃圾、霸占公地、没有公德心。这些都是理想文化与实际文化不一致的例子。

文化的不一致有时候就形成"主流文化"（mainstream culture）与"亚文化"（subculture，亦称"附属文化"）的区别。主流文化是指社会上大多数人所实行或遵守的行为规范或信仰；亚文化则是指与主流文化有差别、只由社会上少数人所实行或遵守的文化。以台湾地区为例，闽南人的行为规范是主流文化，客家人的某些行为方式有异于闽南人，因此，可以说客家人的行为是一种亚文化。亚文化不是违规或背叛的文化，而是与主流文化有所差异。如果亚文化真有背叛的特点，那么这一类型的亚文化就是所谓的"反叛文化"（counterculture，又称"反文化"）。反叛文化抗拒主流文化，例如在20世纪60年代盛行的嬉皮文化就具有这种特质。同一时期美国的"公社亚文化"（commune subculture）因为反对美国大多数人所遵守的行为规范与价值观念，也具有反叛的性质，是亚文化中的反叛文化。

## 3.3 文化差异

文化是一个社会应付周围环境的挑战而发展出的一套行为规范、价值、信仰及工艺技术，由于不同的环境及挑战，发展出的文化总会有差异。功能论者认为这些文化差异有助于社会的运行，担负不同的工作。进化论者认为文化的差异代表各种文化进化程度不同，代表不同的进化阶段。人文区位学者则指出社会对自然环境的反应不同以致造成文化差异。

但是，人类学家发现某些文化项目似乎都可以在大多数社会里找到，例如音乐、运动、婚姻、家庭、语言、社区等，几乎每一种文化都有。他们称这种现象为"文化的普遍性"（cultural universals，又称"普世文化"）。虽然世界各地婚姻方式会有一夫一妻、一夫多妻、一妻多夫、团体婚姻等，但婚姻制度的存在则是普遍的。

文化多多少少还是会有改变的。传统文化因为改变得慢，所以有时人们会认为它没有变。其实，许多文化在经过一段时期后还是可能变的。有些文化的变迁是缓慢而且是进化式的，例如，中国人以往见面时打躬作揖的方式，逐渐变成握手，这是很慢的演变。有些改变则是由政府制定法律强制执行的，例如，中国现在实行的"计划生育政策"就是一种新的文化规范。以往中国人一直有多子多孙、五代同堂的大家庭观念；现在为了控制人口，大陆的每对夫妇只准生一个孩子。这对中国人来讲是一个相当大的文化变迁，而这种变迁是由政府来规定的，也是一种有计划的变迁（planned change）。

文化变迁的来源，大致上可以归类为以下四种。

（1）**发现**（discovery） 指一种新的事物或现象首次被发现。例如：天文学家发现一颗新的星球，原始社会的人发现火的使用，科学家发现一种新动物或植物等。

（2）**发明**（invention） 将已知或已有的知识或事物加以扩充合并使用而创造出一种新的文化。例如：弓箭的发明、汽车的发明、电话的发明。工艺技术的新产品都是发明。

（3）**传播**（diffusion，又称扩散） 当两个社会接触时，将一种文化由一个社会传播到另一个社会。例如，中国人首先发明活字版和纸币，而后经过丝绸之路传播到欧洲；美国的可口可乐、麦当劳等也传播到中国和亚洲各地。

（4）**涵化**（acculturation） 两种文化经由传播而相互影响，而成一种新的文化。例如，西方人有星期日休假的文化，是为了可以利用那天去教堂做礼拜。我国现在星期日不上班，不是为了做礼拜，而是给大家一个可以休息的日子。这种星期日不上班的习惯已经成为我国文化的一部分。

## 3.4 中国文化的特点

我国历史有五千年之久，文化源远流长。文化既然是代表一个团体对周围环境的适应，那么，我国的文化亦代表我们祖先对这一块土地的适应和对策。韦政通认为我国文化具有十种特征：

（1）独创性：在中国本土内自创的文化成分很多，中国文字、八卦、《易经》等都是例子。

（2）悠久性：中国文化有数千年的历史，是中国地理、人文环境所累积出来的。

（3）涵摄性：虽然中国文化也有文化本位主义，但在历史上还是有很多宽容接纳外来文化的例子。

（4）统一性：有统一的政体、文字，以及思想。自秦至清，虽有短暂的分裂，但基本上是统一的。

（5）保守性：因为求稳定，中国文化的保守性色彩很浓厚。

（6）崇尚和平：历代多重文轻武，受儒、释两家思想的影响而戒杀生。

（7）乡土情谊：对土地有深厚的特别感情，因此，对居住在同一土地上的家人或同乡有深厚的情谊。

（8）有情的宇宙观：中国文化重感情，人与人、人与物、物与物、人与自然皆是有情的联系。

（9）家族本位：中国社会的最基本单位是家族，中国人的活动中心也是家族。

（10）重德精神：仁与孝是中国伦理道德的中心，在政治上讲德治，在文学上讲以文载道，经济上则不患寡而患不均。

不过，另一方面，中国人也有一些文化上的缺点。根据梁漱溟的看法，这些缺点包括：

（1）自私自利

（2）爱讲虚情客套，爱面子，重形式

（3）和平文弱

（4）守旧

（5）马虎

（6）残忍

（7）圆滑老到

我国文化，不论好坏都是几千年老祖宗累积下来的经验，是对环境的反应。因为这些文化特质而使我国能有"千年不变"的持续性。然而实际上，它还经历了变迁。每一个朝代都在制度上和文化习俗上做了某些调整，只是调整的幅度不大而已。从19世纪中叶以来，在西方工业文化和军国主义的压迫下，中国社会开始有了急剧的变化。清末的洋务运动、孙中山的辛亥革命与民主共和、抗日战争、共产主义思想，以及台湾地区的重商资本主义社会都是文化变迁的明显例子。从长远来看，它似乎未有大的改变；但从短期来看，这些变迁还是很剧烈的。中国文化现在已不可能故步自封，它与其他世界性文化的交流已呈现不可避免的趋势。

## 延伸阅读

梁漱溟，1967，《中国文化要义》，台北：正中书局
韦政通，1968，《中国文化概论》，台北：水牛文化事业有限公司
钱穆，1998，《从中国历史来看中国民族性及中国文化》，台北：联经出版事业公司
Freier, Paulo (2005) *Teachers as Culture Workers*. Boulder, CO: Westview.
Griswold, Wendy (1994) *Cultures and Societies in a Changing World*. Thousand Oaks, CA: Pine Forge Press.
Hall, Edward T. (1990) *Understanding Cultural Differences*. Yarmouth, ME: Intercultural Press.
Harris, Marvin (2000) *Cultural Materialism*. Walnut Creek, CA: AltaMira Press.
Hicks, David, and Margaret A. Gwynne (1994) *Cultural Anthropology*. New York: Harper Collins.

## 练习题

1. 人们所创造出的工艺技术，例如衣服、房屋、器械等是_____。
   A. 物质文化　　　B. 非物质文化　　C. 精神文化　　　D. 文明
2. 人们的思想、价值、宗教信仰及使用物质文化的行为规范等是_____。
   A. 物质文化　　　B. 非物质文化　　C. 神缕文化　　　D. 文明
3. 一群居住在同一地区的互相来往互动的人所组成的称之为_____。
   A. 文化　　　　　B. 社会　　　　　C. 群体　　　　　D. 组织
4. 中国人说中国话、用筷子、用算盘等是_____。
   A. 天生的能力　　　　　　　　　　B. 由文化学习来的
   C. 父母遗传来的　　　　　　　　　D. 借来的
5. 数字、文字、标志、表情、手势、姿态等皆为文化里的_____。
   A. 符号　　　　　B. 意识　　　　　C. 信仰　　　　　D. 工艺技术
6. _____是指社会所制定的一套行为准则：提示人们什么可以做，什么不能做，在什么时候做，怎么做。
   A. 社会规范　　　B. 社会价值　　　C. 社会律法　　　D. 社会道德
7. 美国社会学家萨姆纳将行为规范里的风俗部分，即习俗上的做法称为_____。
   A. 民俗　　　　　B. 民德　　　　　C. 民风　　　　　D. 民有
8. 美国社会学家萨姆纳指一些影响社会生存或延续的行为规范是_____。
   A. 民俗　　　　　B. 民德　　　　　C. 民风　　　　　D. 民有
9. 中国人去拜访人家，习惯上要随身带点礼物，参加婚礼要送红包等都是_____。
   A. 民俗　　　　　B. 民德　　　　　C. 民风　　　　　D. 民有

10. 杀人抢劫、近亲禁婚、乱伦是_____。
    A. 民俗        B. 民德        C. 民风        D. 民有
11. 物质文化与非物质文化的发展有时候并不能同步发展，以至造成二者间的间距，社会学家奥格本称之为_____。
    A. 文化失控    B. 文化滞后    C. 文化斗争    D. 文化争宠
12. 认为自己的生活与适应方式都是最好的，自己的文化优于他人，并极力保护自己的文化的优越感，就是一种_____。
    A. 文化本位主义  B. 阿Q主义   C. 上等文化    D. 丑恶的中国人
13. _____是以文化使用者本身的眼光来讨论评价，而不以外人的眼光来论断其他文化。
    A. 文化本位主义  B. 媚外主义  C. 阿Q主义    D. 文化相对论
14. 以台湾地区为例，闽南人的行为规范是主流文化，客家人的某些行为方式有异于闽南人，因此，客家人的文化可以说是一种_____。
    A. 低俗文化    B. 次文化      C. 反抗文化    D. 崇他文化
15. 人类学家发现某些文化项目似乎都可以在大多数的社会里找到，例如音乐、运动、婚姻等几乎每一种文化都有。他们称这种现象为_____。
    A. 文化的整合性              B. 文化的传播性
    C. 文化的普遍性              D. 文化的大众化
16. 将已知或已有的知识或事物加以扩充使用而创造出一种新的文化是_____。
    A. 发现        B. 创造        C. 发明        D. 传播
17. _____是指两种文化经由传播而相互影响，并形成一种新的文化。
    A. 同化        B. 顺应        C. 涵化        D. 适应
18. 下面哪些是梁漱溟所认为的中国文化的缺点？
    A. 自私自利，爱讲虚情客套，爱面子，重形式
    B. 和平文弱，守旧马虎，圆滑老到
    C. 残忍
    D. 以上三项都是

# 第四章

# 社会化

## 4.1 社会化的过程

社会化（socialization）是学习个人所处的文化及文化里的规则与期望的过程，也是一种把自然的个人转化成社会的成员的过程。一个人有其人格（personality），它是个人行为或思想情绪的倾向。这种人格虽然有其个人的独特性，但也与社会里其他的人有某种程度的类似性。中国人的性格大都比较含蓄，美国人就比较会表现自己。这是中美文化熏陶出来的差异。影响个人人格的因素主要包括：

（1）**生理遗传** 生理条件是人格的最初基础，如果没有张先生这个人，就不会有"张先生的人格"。生理学家相信个人人格有些来自生理遗传。然而，社会学家认为生理遗传虽可能影响人格，却非人格成长的最主要因素。例如：同卵双胞胎虽然在生理遗传基因上非常相似，但他们却不一定有完全相同的人格。生理遗传是潜在的人格因子，社会文化的影响能将其发扬光大，亦可能将其压抑下去。

（2）**地理环境** 也有人认为地理环境和自然生态条件也可能影响人格，例如：寒带地区的人们比较强悍，热带地区的人们比较温顺懒散。由于自然环境恶劣，寒带地区人们必须强悍努力才能生存；而热带地区食物丰裕，不必辛劳以求生存，故人格较温和懒散。地理环境多多少少对人格是有影响的。

（3）**个人际遇** 一个人在一生中可能会遭遇一些独特的经历，这些经历可能会影响以后的人格。例如：一个曾经出过车祸的人，可能就会怕开车，或者变得过分小心。一个离过婚的人，可能对婚姻的看法与他人不一样。独生子、幺儿及中间儿的个性常极不相同。这些个人经验际遇就成为其人格的一部分。

（4）**文化** 社会学家虽然不坚决否定上述各因素对人格的影响，但是他们相信文化才是影响人格的最大因素。人格是经由社会互动而滋养成长的，而社会互动所牵涉的社会规范、价值、角色等皆是文化的一部分。上面提到的同卵双胞胎如果分别放在两种不同社会成长，他们的人格很可能会不一样。个人的行为、思想、价值观念、态度等皆受文化的影响。同一社会里的人也因为受相同文化的影响，而在人格上产生类似的品质，例如：中国人虽然每个人都有自己的人格，但是中国人之间还是有许多类似的人格特质；尤其在与外国人比较之下，这些特质就更显突出。我们在成长的过程中，学讲中文、学习辨别对错、怎样与人来往、男女差别的辨识、起居生活规律等都是受文化熏陶下社会化过程的影响。社会化使我们成为社会的成员，使我们了解自己，也了解他人。

社会学里有一种比较偏激的论点是社会生物学（sociobiology），它研究社会行为的生理和遗传基因的决定性。持这一种论点者相信人的行为完全由生物基因来决定。行为由一代传到下一代，以保证人种的生存与延续。不过，正如我们前面提到的，绝大多数社会学家不同意这种生理决定论的观点。他们认为一些人类基本生理需求的满足方式常依社会之不同而异。例如：人都有性欲，这是生理方面的需求，但是如何满足性欲，则因社会而异。同样，人类都有饥饿、求食的欲望，然而饮食方式和规矩也因社会而异。

社会化是一种学习文化的过程，通过社会化过程把个人转化成社会所能接受的社会成员，同时也把文化一代代地传递下去。所以，社会化的过程是动态的。芝加哥早期的社会心理学家米德（George Herbert Mead）把这一过程看成由"自我"（id）转变到"社我"（me）的过程，"自我"是未经社会文化熏陶的我，是一种本能潜在的我；而"社我"则是受社会文化熏陶后的我。经过社会化的学习以后，我们用"社我"来表达自己、与他人互动的情况就会增多；于是，"自我"就相对地隐藏了起来。

米德相信在由"自我"转变到"社我"的过程中，人们学习到从他人角度来观察事物，以及替他人着想，米德称这种现象为"角色选取"（role taking），即以他人角色的观察作为个人反应的标准。"角色选取"的能力是逐渐发展出来的，初生婴儿并没有这个能力。米德提出一种"角色选取"发展的三阶段论：

（1）**第一阶段是"模仿阶段"**（imitation stage） 这大约是出生至两岁左右。婴儿模仿周围的人，特别是周围亲人的举动、行为或表情。这时期的婴儿不会辨别或整理所接收到的讯息，更没有对行动意义的了解能力。儿童敲打木头学在旁做木工的父亲，玩球就像在旁打球的兄姊。其模仿行为并不一定具有特殊的意义，但是，经常的模仿其亲近的家人对儿童的成长及未来自然有深远的影响力。因为这一阶段为未来的社会铺路、做准备工作，所以也称为"预备阶段"（preparatory stage）。

（2）**第二阶段是"嬉戏阶段"**（play stage，又译为玩耍阶段） 大约二三岁以后，儿童渐渐开始知晓与他人的社会关系，模仿他人变得较有意义，就像演员"变成"了所扮演的角色，儿童变成了医生、母亲、飞行员或超人。当儿童在心理上扮演另外一个人时，就采取了他人的立场及观点，由此自己能应付这假想的观点。例如：母亲不舒服时，要乖巧，要帮忙做家事；又如母亲给予充分的信心及鼓励，就得到自我的肯定，而信心十足，不畏艰难。由于儿童仍年幼，仍无系统化的整理能力，其角色取得可能只包括对他人行为的依从；其行为还不能一致，一下子哭一下子又笑，常扮演相互冲突的角色。

（3）**第三阶段是"戏艺阶段"**（game stage，又译为团体游戏阶段） 儿童到了八九岁开始同时考虑几个职务及人际关系。这时，他们所注意的不仅是自己的社会地位，也考虑到周围其他的人。正如打棒球时，不仅要知道自己担任守备的职责，也要清楚其他球友的职责。米德认为在这一阶段儿童开始能应付其社会环境中的数个成员，并以团体或社会的规范来与他人互动。在人格的发展上也开始具有一贯性，较有系统的人格特质也随之表现出来。米德认为"社我"（me）或"社会自我"（social self）已成长，这一阶段的儿童就成为社会里真正一成员，为社会所接受。

米德也提醒人们，小孩的发育有快有慢，以上各阶段的年龄仅做一般参考用。最重要的是小孩是否有社会互动，是否能注意到他人的反应。

另外一位芝加哥的社会学家库利（Charles Horton Cooley）也提出一个类似的观点，他认为个人的自我是要经由别人眼光的评价来认定的。他提出"镜中自我"（looking-glass self）的概念。他认为人们之所以能了解自己是在社会互动过程中别人对他的评价和观点所认定而来。如果没有社会互动中的其他人，人们就不会知道自己是谁，这就像人们经由镜子看见自己一样。库利的镜中自我包括三个步骤：第一个步骤是想象自己如何向他人显现（也就是如何把自己在他人面前表现出来）；第二个步骤是想象他人如何判断自己；第三个步骤是对他人评价的是否，并按此是否来表现自己。于是，镜中自我的形成并不是真正的自己到底是怎么样的人，也可能不是他人如何看到的自己，而只是"想象"他人对自己的观察印象，这是一种社会互动的产品。

心理学对社会化的理论大致上可以分为两类：一种是行为主义观点，一种是发展成长观点。

（1）**行为主义观点** 行为主义（behaviorism）所研究的行为是可观察得到的，包括人或动物的行为；行为主义者相信小孩的所有行为皆是经由学习而获得的，他们研究行为学习的过程，以及刺激学习的动机。某一行为如果能获得酬赏的话，行为主义者认为人们会重复该行为；因此，酬赏的经验就会加强人们再次做该行为的意愿。例如：某种行为曾获得父母的奖赏或称赞，那么儿童会再做以再得酬赏。有时候，小孩为了引起父母的注意力，也会故意做错受罚；因为处罚在这种情况下对这小孩来讲是一种反面的酬赏。小孩的社会化过程就是这种状况的重复出现。

（2）**发展成长观点**　发展理论或成长理论（developmental theory）则把重点放在一个人生命过程中不同阶段的成长或发展经验。发展理论者相信：虽然社会的学习经验很重要，但是发展或成长的阶段则主要是受生理因素影响和决定的；尤其是脑部的理解能力及四肢的运作能力。他们也相信发展的阶段有前后之分，如果前面一个阶段没有发展出来，则后面的一个阶段不会出现。

弗洛伊德（Sigmund Freud）的理论就是发展理论的一种。他相信人们有一些生理上的基本需求欲望必须满足，在这些欲望产生时必须要马上获得满足就是弗洛伊德称之为"本我"（id）的自然反应。当社会提供了一些规范让社会成员依从，则限制了"本我"随兴的行为，这是弗洛伊德所称的"超自我"（super-ego）。例如：肚子饿了就有想吃的欲望，为了满足这份欲望可能就随手从旁人的碗里抓起来吃；这自然是社会规范所不允许的，于是"超自我"就提供规范的讯息，控制、阻止"本我"的冲动。事实上，个人的"本我"与社会的"超自我"永远相互冲突。弗洛伊德指出：在正常的情况下，人们会发展出一套折中的办法以缓和二者间的冲突，这就是所谓的"自我"（ego）。这些人格成长发展的过程是阶段式的，是按部就班的。

皮亚杰（Jean Piaget）认为孩子在生理成长的过程中逐渐发展出人格和心灵。不同年龄的小孩有不同的想法，成熟是建立在以往成长过程的经验上的。精神病医生埃里克森（Erik Erikson）则把自我发展的整个人生过程分为八个主要阶段：

（1）婴儿期（信任与不信任）：婴儿对于给予温暖与爱的人信赖；对虐待者不信任。

（2）幼儿期（自主与羞辱疑忌）：大约到三岁时，小孩若能成功地处理自身的生理需求（例如不尿床、自理大小便），则有自主的信心，否则会产生羞辱疑忌。

（3）嬉戏期（主动与犯错感）：大约五岁左右，小孩会主动地找新花样玩，若受鼓励则会主动积极；若受责骂，则会有犯错感。

（4）学龄期（勤奋与卑贱）：在入学以后，有些小孩会感觉到勤奋令他更可爱，但有些小孩会觉得卑贱不如人。

（5）少年期（认同与混淆）：青少年在这一时期感觉到自己在成长，必须把自己的感受与外界的评估加以适当处理。若处理得当会有助认同的成长，否则会有混淆不清的困扰。

（6）青年期（亲密与孤独）：青年人在这一时期发展出一种与人为友、与人亲近的感情，会有亲密感。如果办不到，则会有孤独感。

（7）成长中年期(创造与静止)：这一时期，人们在事业与婚姻上皆已安定下来，为人婚姻配偶，更为人父母，事业上也有成就，一切没有大变化而趋于平静安稳。然而也有些人，在事业上可能再上一层楼而有所创新，或在婚姻上有所变化。

（8）老年期（庄严与惊恐):这一时期，老年人对以往加以评价，若觉得满意、骄傲、没有白白浪费一生，那么老年世界会是庄严的，尽情享受晚年时光；若是深感懊悔，认为错失良机、一事无成，那么就会有惊恐的感受，老年来得太快了。

埃里克森的发展观点把人生由出生至老年的各个阶段都做了描述，而非仅是儿童时期，比较完整。因此，学术界多采用此方法。

## 4.2 社会化的执行机构

社会化的经验在我们与他人所发生的社会互动中无时无刻不在出现。从生至死，我们都可能随时经历社会化的熏陶。但是有些团体对我们的社会化具有较大的影响和效果，这些就是下面要谈的社会化的执行机构（agents of socialization）。

### 家庭

家庭常被认为是社会化最基本、最重要的执行机构。因为小孩出生以后首先接收到的互动讯息来自家庭的成员，特别是母亲。不仅如此，由于小孩在最初几年缺乏独立生存的能力，其互动的范围与对象皆局限在家庭以内，家庭的成员及其社会经济地位影响了小孩的成长过程和社会化经验。例如：一个在台湾本省籍家庭出生的小孩，受到父母地域背景的影响，可能首先学会讲台湾闽南话，会用本省籍的表情、语气与人沟通，喜食本省籍风味的食物等，这种社会化和一位出生在外省籍人家的小孩不同。人们很多的行为模式、价值观念、宗教信仰都与儿时的家庭背景有很大的关联。米德把家人称为"重要他人"（significant others），因为家人对个人的影响最大。至于"概化他人"（generalized others）则泛指整个社区及其成员对个人的期望及影响。

### 学校

学校也是一个相当重要的社会化执行机构。在传统社会里，家庭可能担负全部的社会化责任；但是在一个高度工业化的社会里，家庭已无能力单独负起社会化的责任，学校就逐渐代替家庭了。尤其近年来一方面由于社会变迁幅度太广、太快，家庭所知有限，担当不起全部社会化的工作；另一方面则是由于双职家庭增多，无法全心全力照顾小孩。再加以学校设备较完善，学校就成为主要的社会化执行机构了。在学校里，小孩们除了学习基本的求生技能，更了解了自己的文化和历史、社会价值，以及社会规范。在家里，不管好坏，总还是孩子，父母都袒护；在学校则必须守规矩、功课好、出人头地才能受奖赏，否则会受惩罚。这些经验对未来的社会参与都是相当重要的。

## 同辈团体（peer groups）

年轻人总是喜欢和朋友在一起玩耍做功课，调查发现高中年龄的青年学生与朋友在一起的时间，远比与父母在一起要长得多；同辈团体的影响力绝不可忽视。年轻的子女与父母交往时只有听话的份儿，即使有理由也是委屈得很；何况，有时候父母根本不听。与老师在学校的互动也是如此，老师代表权威，因其有处罚的权威，学生总有畏惧心。因此，年轻人与父母或老师等长辈的互动是不平等的互动。但是与朋友就不一样，没有权威的高低之分，大家彼此平等相待；所以，同辈团体成员间较能沟通，其影响力相对增加。有人说，一个小孩会不会变坏，只要看他交往的朋友就知道了，不无道理。

## 大众传媒（mass media）

大众传媒包括电视、电影、杂志、书报、计算机网络等。在现代社会里，其影响力有逐渐增加的趋向，小孩的喜好往往受大众传媒的影响。在食物、服饰、玩具、口语上，小孩往往模仿大众传播明星。近年来，青少年暴力犯罪的增加很可能是受电视的影响。当年台湾电视上布袋戏正流行的时候，有些小孩要上山学武，就是看电视着了迷。近年来网络信息的广泛使用也有相当的影响力，这已是不能抗拒的事实。

以上几项社会化的执行机构，对小孩人格的发展和社会规范的学习都有相当程度的影响。虽然个人的人格在儿童时期就已基本形成，但是这并不表示，以后的成长就不再需要社会化的过程了。社会化是人们由生至老无时无刻不在经历的过程，所谓的"成年社会化"（adult socialization）是非常重要，仍能影响个人的。

社会化由童年至成年的一个重要标志是结婚。某些社会更要求其成员结了婚才算是成年，才成为真正的社会成员。这些社会鼓励人们结婚，把结婚描绘得相当优美，让年轻人向往婚姻，这些就是社会化的一部分。结婚以后，夫妻两人在互动中，学习到彼此相处的社会规范，丈夫角色与妻子角色的配合，为人父母的角色的准备与实用；到年老时，如何调整生命的活动频率，如何从事业上的竞争回归到平静的退休日子，颐养天年。这些都是成年社会化的一部分。

成年社会化的另一个关键是职业和事业的社会化。几乎在每一个社会里，游手好闲的人都不会受到尊重。从小，孩子就常被问将来长大以后想做什么，要成为什么样的人。当一个人完成教育学业以后，社会就期待他找一份职业，成为一个对社会有贡献的人。成年人的世界里，特别是男人，事业是很重要的个人职位指针。因此，他的工作环境、工作伙伴、主管与部属的关系都会影响这个人的日常生活。如果工作愉快，他的日子会轻松；否则会有消沉苦闷的痛苦。试想，一个有工作的人，不论男女，早上一出门上班，所碰到的人多多少少与工作有关：同事、主管、顾客、下属等，下班后的休闲活动也可能包括同事间的娱乐活动。这些对个人人格成长与社会化学习过程皆有影响，更何况，个人在社会上的价值往往是由个人在职业上的成就来评定的。

人们在接受一个新的角色时总会在心理上做好准备，这种事前的预习就叫做"预期社会化"（anticipatory socialization）。例如：当我们找到了一份工作，在上班前多多少少会想象上班以后该怎么扮演这个角色，也就是凭想象先预习一下。在上学之前，学校常为新生安排新生训练节目，让新生熟习新的环境，新角色的行为模式，以及学校对新生的期待等；又如教会会对即将成婚的男女开课讲授夫妻家庭之道，这些都是预期社会化的例子。

在成年社会化的过程上，人们可能会遭遇一种反方向社会化（reverse socialization）的经验。通常社会化是由成年人施与小孩，反方向社会化则是大人由小孩处学习到新经验。例如：任天堂电动玩具，大人最初并不玩这东西，看到自己小孩玩，也就跟着玩，有些人还着迷了。有些年轻人特有的表达方式，起先大人也不懂，但是后来学会了，可能也成为大人日常用语的一部分。又如：孩子们的计算机学得容易轻松，上网又快又熟，有些父母，甚或祖父母都与儿孙讨教如何便捷上网。

另一种过程是"再社会化"（resocialization）。这是一种抛弃原有社会化经验，而重新学习另外一种不同经验的社会化过程。例如：当兵的青年，在军队里的一切行为方式与规范与外面的平民社会就有相当的差异，因此每一个当兵的青年入营以后就必须抛弃那一种"死老百姓"的习惯，学习新的军人行为。医院、监狱和一些秘密宗教团体，也都要求人们再社会化。社会学家戈夫曼（Ervin Goffman）称这些机构为"总体机构"（total institution，亦译成"完全机构"），因为它们与社会隔离，实行自己的一套行为方式。事实上，不仅是加入这种总体机构要经历再社会化，在离去回到一般老百姓的身份时，也同样要把那些行为规范抛弃再学习老百姓的社会团体的一切。

中国人的社会化过程一向重视小孩的服从权威性、团队精神、内向性以及自我约束性。而在这过程当中，家庭社会化是惩罚重于奖赏。且父母在社会化过程中所担任的角色也不相同，所谓"严父慈母"是指父亲在管教上的严格惩处的角色，以及母亲以慈祥来做中间人，以感情教化子女。不过近年来，台湾的社会化过程已经有了某些方面的改变。在执行社会化的机构和单位上，父母或其他家庭成员的重要性仍在，但是教育机构所应担任的教化功能，似乎没有同辈或同辈团体来得多。因此，社会上的青少年犯罪率有明显上升的迹象。社会化已把社会规范和文化价值内涵到一个人的人格里；于是，当一个人有所行为时，不必刻意去注意该不该做，他会自然而然、不加思考地做出社会所期待的行为。这是社会化的最大任务。

## 延伸阅读

李亦园、杨国枢合编，1972，《中国人的性格》，台北："中央研究院"民族学研究所。
朱岑楼主编，1981，《我国社会的变迁与发展》，台北：三民书局
张华葆，1986，《社会心理学导论》，台北：三民书局
瞿海源，1989，《社会心理学新论》，台北：巨流图书股份有限公司
Alder, Patricia A., and Peter Alder, eds. (1995) *Sociological Studies of Child Development: A Research Annual.* Greenwich, CT: JAI Press.
Burkitt, Iran (1991) *Social Selves: Theories of the Social Formation of Personality.* London: Sage.
Corsaro, William A. (2005) *The Sociology of Childhood.* Thousand Oaks, CA: Pine Forge.
Gilbert, Daniel T., Susan T. Fiske, and Gardner Lindzey, eds. (1998) *The Handbook of Social Psychology,* 4th ed. New York: Oxford University Press.
Mayall, Berry (2002) *Toward a Sociology for Childhood.* Philadelphia: Open University Press.
Tannen, Deborah (1990) *You Just Don't Understand: Women and Men in Conversation.* New York: William Morrow.

## 练习题

1. _____是一种学习个人所处文化及文化里的规则与期望的过程。
   A. 社交　　　　B. 教育　　　　C. 社会化　　　　D. 认同
2. 社会学家相信影响个人人格最重要的因素是_____。
   A. 生理遗传　　　　　　　　B. 地理环境
   C. 个人的人生经历　　　　　D. 社会文化
3. _____研究社会行为的生理和遗传基因的决定性。
   A. 社会生物学　　B. 社会人文学　　C. 遗传应用学　　D. 病理学
4. 哪位社会学家把社会化看成由"自我"（id）转变到"社我"（me）的过程？
   A. 帕森斯　　　　B. 米德　　　　C. 默顿　　　　D. 韦伯
5. 在米德人格发展三阶段里，人格一贯性发生在_____。
   A. 第一阶段　　　　　　　　B. 第二阶段
   C. 第三阶段　　　　　　　　D. 成人阶段
6. "镜中自我"（looking-glass self）的概念是谁提出的？
   A. 帕森斯　　　　B. 米德　　　　C. 默顿　　　　D. 库利
7. 哪种理论认为某一行为如果能获得酬赏的话，人们会重复该行为；因此，以往获得酬赏的经验就会加强人们再次做该行为的意愿？
   A. 行为主义　　　B. 交换理论　　　C. 实验主义　　　D. 认知论
8. 弗洛伊德把那些欲望产生时必须要马上获得满足的人格部分称为_____。
   A. 本我　　　　B. 自我　　　　C. 超我　　　　D. 社我
9. 社会心理学家认为社会化最重要的执行者是_____。
   A. 家庭　　　　B. 学校　　　　C. 同辈团体　　　　D. 大众媒体
10. 在上学之前，学校常为新生安排新生训练节目，让新生熟习新的环境，新角色的行为模式，以及学校对新生的期待等，这些是社会化过程中的_____。
    A. 成人社会化　　B. 预期社会化　　C. 反方向社会化　　D. 教育社会化
11. 当大人由小孩处学习到新经验时，这是_____。
    A. 成人社会化　　B. 预期社会化　　C. 反方向社会化　　D. 教育社会化
12. 军队里的一切行为方式与规范与外面的社会有相当的差异，因此每一个当兵的青年入营以后就必须抛弃那种"死老百姓"的习惯，学习新的军人行为。这种现象是_____。
    A. 成人社会化　　B. 预期社会化　　C. 反方向社会化　　D. 再社会化
13. "总体机构"（total institution）是哪一位社会学家提出的？
    A. 戈夫曼　　　　B. 默顿　　　　C. 帕森斯　　　　D. 米德
14. "总体机构"不包括下面哪一种？
    A. 军队　　　　B. 精神病院　　　C. 家庭　　　　D. 秘密宗教团体

15. 一些年轻夫妻在怀孕婴儿出生前勤读育婴书籍，这是一种_____。
   A. 成人社会化　　B. 预期社会化　　C. 反方向社会化　　D. 再社会化
16. 孩子们的计算机学得快，上网又快又熟，有些父母，甚或祖父母都跟儿孙讨教如何便捷上网。这种过程在社会学上就称为_____。
   A. 成人社会化　　B. 预期社会化　　C. 反方向社会化　　D. 再社会化
17. 下面哪一种人是米德所称的重要他人?
   A. 同乡　　　　　B. 同学　　　　　C. 同事　　　　　D. 家人
18. 以他人角色的观察作为个人反应的标准是社会学家米德所称的_____。
   A. 角色取用　　　B. 角色转换　　　C. 角色学习　　　D. 角色职务
19. 社会学家库利认为如果没有社会互动中的其他人，就不会知道自己是谁。他称此为_____。
   A. 社我过程　　　B. 镜中自我　　　C. 互动学习　　　D. 角色互换
20. 中国人传统的社会化过程一向重视小孩的服从权威性、团队精神、内向性，以及自我约束性。而在这一过程当中，家庭社会化是以_____。
   A. 惩罚重于奖赏　B. 奖赏重于惩罚　C. 惩罚奖赏并重　D. 不奖也不罚

# 第五章

# 团体与组织

## 5.1 社会团体

社会团体（social group），并不仅仅是两个人一起就可以算是社会团体。社会学家认为如果两个人没有发生互动，就不算是社会团体。例如：一群人聚集街头看热闹，彼此间并无互动，热闹完后各自分散，社会学家称这种为群集（collectivity）。同样，一群在车站上等车的人、在戏院里听戏、看电影的人也都只能算是群集，而非社会团体。一群具有某特殊特征的人，但彼此互不往来、无认同感，也不能算是社会团体。社会学家称这种为社会类别（social category，又称"社会范畴"），例如：电话簿上所有姓王的人、中产阶级里的成员或一群65岁以上的老年人等，虽拥有共同的特征，但并无互动，仍然不算社会团体。

社会学家认为一群人构成一个社会团体的基本要件有三：

（1）团体成员必须有互动、彼此来往。

（2）团体成员的互动必须有社会规范的约束。

（3）团体成员应有团体的认同感。

如果前面所提到的群集与社会类别两种人群能发展出上述三种特质，那么它们也可能演变成社会团体。例如，看热闹的人如果组织起来，可能成为抗议团体；姓王的联合一同成立王氏宗亲联谊会，如此就成为社会学家所称的社会团体。社会的研究主题既然是两个或两个以上互动的人，互动自然是发生在社会团体内，于是社会团体就成为社会学家所关注的研究对象。

社会学家通常把社会团体分成两大类：初级团体（primary groups）与次级团体（secondary groups），这种分法是早期芝加哥社会学家库利所提出的。初级团体是指一些我们比较亲近的团体，如家庭、同辈团体等。在这种初级团体内，人们的互动比较重感情、比较亲密，而且也比较深刻，人们彼此关心，成员间关系特殊，不能由任何他人来替代。这种关系，也叫做初级关系（primary relations）。家庭成员间的亲情关系、恋爱中情侣的爱情关系，都是这一类型的关系。次级团体则是指一种有目的的团体，互动只是为了达到某种目的；成员间较少感情，其互动有商业行为的味道，所牵涉的个人部分也比较狭窄；团体成员也可以转换替代。雇主与佣人的关系、店员与顾客的关系、医生与病人的关系都是次级关系（secondary relations）。

在日益复杂的工业化社会里，人们参加次级团体的机会渐增，要比参加初级团体来得多；人们日常的互动关系也是以次级关系多于初级关系。以一个人日常生活为例，一早起床、上洗手间、吃早餐是在初级团体内互动；出门后在公司碰到的同事，洽谈生意的商人，午餐快餐店的店员，去看病的医生、护士，停车场的守卫工人等都是次级团体；回到家后又有配偶、子女间的初级关系的互动；人们往往还会参加一些职业团体或休闲俱乐部，这些也都是次级团体。常听大家埋怨，现代人的感情太单薄了，太没有人情味，就是由于初级团体初级关系的减少。

德国的社会学家滕尼斯（Ferdinand Tönnis）把传统以初级团体为主，充满信赖、非正式、亲切、合作、互助的社会称为"礼俗社会"（Gemeinschaft）。在古老的农村社会里，村人的亲密关系和相互关怀，是礼俗社会的代表；滕尼斯把正式的、疑惧的、矛盾的、不亲切的、商业型的社会称为"法理社会"（Gesellschaft）。工业城市社会的人际关系充满这些特征，是法理社会的代表。

社会团体的成员可大可小，两个人也可以成为一个团体，一个国家也是一个团体。成员的多少并不决定社会团体的成立与否，而是成员的互动、互动的方式。以及成员的认同感；当然，成员越少，团体越小，成员的互动频率也就可能越亲密；所以初级团体或"礼俗社会"总是要比次级团体或"法理社会"人数少些。常听有人埋怨，以前人少的时候大家很亲，现在人多了反而疏远了。以前人少大家可以面对面沟通，现在人多了只好用e-mail来互动。而且人多了就有各种各样的规章约束人与人之间的互动。从这里可以看到团体的大小能改变互动的方式，也能影响互动的品质。

社会团体的种类不少，除了上面提到的分类方法以外，还可以用团体的结构来分。一种是正式团体（formal group），其有正式的典章制度，官僚阶级层次分明。例如，一个公司内有董事长、副董事长、总经理、副总经理、经理、副经理、科长、股长、科员、工友等阶层，职责明文规定，互动方式也是循序而进。另外一种是非正式团体（informal group），通常是指一些规模较小，成员不多，没有严格典章制度的团体。例如：联谊性质的俱乐部、家庭、同辈团体等。

在团体的参与上，也有所谓内团体（in-group）与外团体（out-group）之分。前者又称我团体（we-group），后者又称他团体（they-group）。内团体是人们已参加的团体,台湾大学学生就认台湾大学是内团体。外团体是人们未参加的团体,其他大学就成为台湾大学学生的外团体。内团体里的成员彼此会比外团体成员亲密些,同时对外团体的成员还可能会有排斥的倾向。另外,还有一种团体,人们并未参加却常用来作为自己行为的指针,这种团体就是参考团体(reference group,又称"参照团体")。例如:一个学法律的学生,虽然还没当上律师,可是总以律师公会的规定或行动作为自己行动的依据。这种情形下,律师公会就成为这个法律系学生的参考团体。医学院的学生虽然尚未毕业领有执照,却俨然以医生自居,也是把医生当成自己的参考团体。

团体间成员的互动有其一定的规则,社会学把这些互动看做社会过程(social process)的一部分。社会过程至少有下列几种方式:

(1)**合作**(cooperation) 指两个或两个以上的人共同努力去争取大家皆有利的结果,例如:球队的各个球员按各自职责相互合作争取球赛的胜利。

(2)**交换**(exchange) 人们为争取一个共同的目标而合作,为得到回报而交换;付钱买东西就是交换,付了钱就有得到物品的回报;请客就应被回请,礼尚往来。互动的双方没有共同的目的,但各自付出某种代价,以换取各自所要的东西。而所换得的东西并不一定要等值。

(3)**竞争**(competition) 指人们为争取同一个目标在双方同意的规则下所产生的竞赛;在竞争之后总有赢家、输家。在资本主义经济制度下,商场上的竞争是很明显的。双方都按同一套规则来竞争。两个球队在同一正式竞赛规章下的比赛就是竞争。

(4)**冲突**(conflict) 指人们为了不同的利益或目标所做出的斗争,例如:黑白种族冲突,就是为了不同利益而起的。法庭上原告与被告的争辩也是冲突的例子。

(5)**强制**(coercion) 指用暴力强迫他人服从,奴隶制度、监狱、军队等都常采用强制性的做法。独裁者对反对者的管制常是用武力的强制。

(6)**剥削**(exploitation) 指利用地位、职务的特权而达到不均衡的交换,例如:雇主压低工人工资、主管利用职权诱奸女职员等。

(7)**遵从**(conformity) 指人们依照团体或社会的期望而行事;在团体活动里,人们往往顺着大多数人的意见,就是遵从的表现。有时候,明知不完全正确,可是大家都这么说,也就跟着这么做。

## 5.2 社会组织

社会学家往往把正式的、大型的社会团体，称为正式组织（formal organization），或称社会组织，它通常是一种为某一特定目标所建立的大型组织。在当代复杂的工业社会里，人们很多生活细节都与这些社会组织有关联。因此，有人把工业社会称为组织的社会（organizational society），以强调其重要性。

社会组织可以划分为六大类型：

（1）**自愿组织**（voluntary organizations） 指人们自愿参加的团体，在业余时间参加其活动。自愿组织通常是为协助社会处理解决某些问题或辅助某些需要而设立的，其会员的参与及退出皆相当自由，其成员人数大小不拘。例如：狮子会、国际扶轮社、崇她社、国际青商会及各种运动俱乐部等，其对社区的稳定具有重要作用。在美国，这些自愿组织对维护社会安定与推动民主政治有相当重要的贡献。

（2）**强制性组织**（coercive organizations） 指强迫参加性质的组织；学校教育由于义务教育的实施，就是一种强迫性的组织；在台湾，每一个国民都必须接受九年义务教育。监狱更是一种最明显的强制性组织，军队亦然。

（3）**功利组织**（utilitarian organizations） 指介于自愿与强制性组织之间的一种组织，以物质酬赏作为争取会员的方法与控制会员的手段。大多数营利机构皆是此类型。

（4）**规范性组织**（normative organizations） 以非物质的称赞、认可作为奖励与控制会员的方法和手段的组织。教会就是一个例子，凡信教的都是弟兄，信教就能得救。

（5）**政府组织**（political organizations） 指在政治上用来节制与控制人民，及推广大规模社会事业的组织，例如国税局、交通部、环保局。虽然人们并不直接参加这些组织，但是人们的生活却深受其影响。

（6）**社会福利组织**（human service organizations） 是扶助在生理上、心理上及社会上有缺陷的社会成员的组织，以争取社会上的公平。社会里许多慈善机构都属于此类。

由于社会组织的复杂性与多目标性，有些组织可能属于上述几种类型。一个医院可以说是自愿组织，因为病人自己愿意来看病医疗；也可以是强制性的，因为病人的生活要由医生和护士来决定。社会组织是为了达到某种目标而设立的。社会组织有时需要有所改变以应付社会环境的要求；社会组织可能需要扩充目的

（goal expansion）才能生存，一方面维持既定的目标，另一方面则扩充到其他方面。基督教男青年会（YMCA）原本以男青年的基督教活动为主，目前其服务项目已超过原有的男性、年轻人或宗教性活动。社会组织有时候在其原有目标或目的达成后，就必须重新厘定目标和目的，才能继续存在下去，这就是所谓的目的之承续（goal succession）。例如中兴大学法商学院原本是专门训练公务人员的行政专校，后扩充成一个完整的文科学院，在2000年独立设校成为台北大学。

## 5.3 官僚组织

官僚组织（bureaucracy，又称科层组织）是正式组织的一种形态。它是为达到高效率而构建出来的一种组织。在官僚组织里的所作所为皆是为了追求高效率，以达到组织的既定目标。德国社会学家韦伯（Max Weber）对官僚组织的"理想型"（ideal type）的研究，一直具有相当的学术价值。他认为官僚组织具有下列特征：

（1）官僚组织必须有分工（division of labor）的制度。在所有的官僚组织里，工作任务由各部门分别担当处理。分工使得组织成员具有高度专门化的技能，并负担特殊的任务。以一个大学为例，社会学教授所讲授的课程就与心理学教授不一样，各系系主任所负责的行政工作也与院长、校长有所不同。分工是为了追求高效率。

（2）官僚组织必须有权力阶层（hierarchy of authority）。权力阶层有高低之分，高级干部与低级干部各有职责。组织成员按阶层的高低来传达工作命令，由上而下。大学校长下命令给院长，院长传达命令给系主任，再传达到教授；层层传递，秩序井然。越级报告在官僚组织里常被视为降低效率的不正规方式，会影响传递讯息管道的正常运作。

（3）官僚组织中一切规章文件皆以文字书写存档应用。因为官僚组织依赖一套规则和法律来执行任务，如果不以文字细分，易生混淆和纠纷，反而造成执行上的困扰，达不到高效的目标。

（4）官僚组织对待成员必须公正无私。因为官僚组织里要求分工，每个成员都必须具备专门的知识、技艺；原则上，成员的聘用、升迁甚至解雇都必须依其工作能力、表现、成绩来决定，依照明文规定行事，对任何成员都同等对待，不得个别偏袒或徇私。

（5）官僚组织成员间、单位间的关系应以组织利益为主，而不应以私人关系为原则。因为私人关系往往成为发挥组织效率的绊脚石。同时为保障成员的利益，官僚组织不得轻易解雇成员，以鼓励成员对组织的忠心。

韦伯所提出的以上五种官僚组织特征是官僚组织最基本的特征，"理想型"并非就是最理想的形态。按照韦伯的看法，在所有正式组织里，官僚组织最有效率，也最适合现代工业社会：因为它是一种理性的社会组织。对个人及对社会，它讲求的是高效率、品质控制、公平、理性和持续性。

但是官僚组织并非没有缺陷。首先，它比较缺少弹性，官僚组织里一切规章和任务都以文字清清楚楚地细列，其成员有时明知其他方法可以达到更高的效率，却碍于规章而不能弹性应用。

官僚组织的第二个缺点是所谓"彼得原理"（Peter Principle）。这是劳伦斯·彼得教授在1969年提出的。彼得原理指出官僚组织里的成员总因以往的工作成绩而获得升迁，而非按照该新职位的需要而找人填补。因此，人会一直升迁到他终于不能做好而停顿下来。按照官僚制度来看，这是不合理的。因为一个银行出纳员可能在换算银钱的工作上表现良好，而升至营业部主任，他的出纳员优秀素质并不代表他一定会是好营业部主任。如把营业部搞乱了，不仅自己的前程受阻，公司的营业亦受损。组织里不适当的人员一多，组织的效率自然不可能高。

官僚组织的第三个缺陷是所谓"帕金森定律"（Parkinson's Law）。这一定律指出所有的官僚组织都会继续扩大，一个主管会请两三个助理来帮他处理业务，而每个助理又会雇用一群职员分别替他们做事，这样恶性的膨胀是浪费和无效率的。官僚组织的人常忙着写手谕、传命令、填表格，造成无谓的浪费。

官僚组织的第四个缺陷是疏离（alienation，又称异化）的造成。因为官僚组织追求高效率，强调非人情的理性关系，再加上专业化和特殊化的分工制度，官僚组织成员会产生无力的疏离感。对自己执行的任务毫无决定权，且又被缠在其中无法脱身。疏离感很容易造成工作效率的降低。

官僚组织的第五个缺陷是权力的集中化（centralization）。大多数的官僚组织在扩张其业务以后，多多少少会走向中央集权的制度以利于领导。这种中央集权可能由一个人来领导，也可能由少数一群高级干部来领导；中央集权一方面造成低层干部的疏离感，另一方面则把高层领导从实际工作里隔离出来。这种现象被称为"寡头政治铁律"（the iron law of oligarchy）。

官僚组织的第六个缺陷是造成上下层干部成员的敌对紧张关系。在官僚组织内，由于分工原则与权力阶层的成立，有权力者与无权力者常会针锋相对。掌权者为了保护自己的利益，而不允许下层干部参与某些内部有政策决定性的活动；

而无权者则希望能掌握一部分权力。两者自然形成敌对的关系。

官僚组织的第七个缺陷是对社会大众的不关心：只求组织的利益，而漠视社会大众的福利。例如大企业化学公司只顾公司营业利润的增长，而完全不顾社会大众受其环境污染的伤害。

在所有的官僚组织里，上述这些缺陷虽然不一定都会产生，然而大多数的官僚组织多多少少都会有这些问题出现。近年来已有学者专家试图解决上述问题，希望能以合情合理的方式来提高官僚组织的效能。例如：权力的分散化（authority decentralization）的方案就是针对权力集中而提出的，允许和鼓励低层人员在决策上提供意见甚或正式参与；如此，不但能协助避免权力的集中，也可以减轻成员疏离感。

当代工业社会和今后的后工业社会仍然会充满许多的正式社会组织的运作，官僚组织仍然会是最常见的社会组织；如何增加其正面的效能，减轻负面的效果，就成为学者努力的目标。在讨论社会组织时，大体上可采用以下三种管理艺术的观点：

（1）**古典观点**（classical approach） 又称为古典理论或科学管理法（scientific management approach）。这个观点主要是把工人当做机器来看待，以追求最高效率为主要目标。他们认为只要给高报酬，工人就会有高效率；而且工人越精于其专长，工作效率就会越高，其生产量也越多。

（2）**人际关系观点**（human relations approach，又称人际关系研究法） 这个观点的建立是针对上述科学管理的观点，他们认为工作效率及生产量不完全在于工人的体力、工作时间，甚或经济酬赏；最重要的是那些非经济报酬因素，例如：工人与同事间的互动关系，对工作的热忱，对工作环境、工作性质的满意程度等。工人技艺的特殊化并非最有效的分工方式；人际关系观点强调社会组织里成员间关系的研究主题是非常重要的，应被重视。

（3）**结构观点**（structuralist approach） 结构论者综合上述两种观点，认为研究组织必须兼顾正式与非正式组织；同时，强调物质与社会酬赏的重要性。

目前，社会团体和社会组织的研究仍然是社会学研究里的主要课题。人在团体内的角色和互动是分析个人行为所不应忽视的。

## 延伸阅读

黄明坚译，1982，《Z理论》，台北：长河出版社
刘剑楚，1988，《工业社会学》，台北：巨流图书股份有限公司

周鸿玲译，1988，《组织社会学》，台北：桂冠图书股份有限公司
林钦荣，2002，《组织行为》，台北：扬智文化事业股份有限公司
余朝权，2003，《组织行为》，台北：五南图书出版股份有限公司
Aaronson, Elliot（1992）*The Social Animal*, 6th ed. New York: Freeman.
Bendl, Regine（2005）*Revisiting Organizational Theory*. New York: Peter Lang.
Martin, Joanne（1992）*Cultures in Organization: Three Perspectives*. New York: Oxford University Press.
Ritzer, George（1990）*The McDonaldization of Society*. Newbury Park, CA: Pine Forge Press.

# 练习题

1. 社会学家认为一群人构成一个社会团体的基本要件是_____。
   A. 团体成员必须有互动、彼此来往
   B. 团体成员的互动必须有社会规范的约束
   C. 团体成员应有团体的认同感
   D. 以上三项都是

2. 一群人聚集街头看热闹，彼此间并无互动，热闹完后各自分散，社会学家称这种为_____。
   A. 群集　　　　B. 社会团体　　　　C. 类属　　　　D. 社会组织

3. 一群具有某特殊特征的人，但彼此互不往来、无认同感，也不能算是社会团体。社会学家称这种为_____。
   A. 社会类别　　B. 社会团体　　　　C. 类属　　　　D. 社会组织

4. 在一些我们比较亲近的团体中，如家庭、同辈团体等，人们的互动比较重感情、比较亲密，而且也比较深刻，人们彼此关心，成员间关系特殊，不能由任何他人来替代。社会学家库利称之为_____。
   A. 初级团体　　B. 亲密团体　　　　C. 次级团体　　D. 重要他人

5. 一种有目的的团体，互动只是为了达到某种目的；成员间较少感情，其互动有商业行为的味道，所牵涉的个人部分也比较狭窄；团体成员也可以转换替代。社会学家库利称之为_____。
   A. 初级团体　　B. 亲密团体　　　　C. 次级团体　　D. 重要他人

6. 雇主与佣人的关系、店员与顾客的关系、医生与病人的关系属于_____。
   A. 初级团体　　B. 亲密团体　　　　C. 次级团体　　D. 重要他人

7. 人们出门后在公司碰到的同事，洽谈生意的商人，午餐快餐店的店员，去看病的医生、护士，停车场的工人等都属于_____。
   A. 初级团体　　B. 亲密团体　　　　C. 次级团体　　D. 重要他人

8. 德国社会学家滕尼斯把传统以初级团体为主，充满信赖、非正式、亲切、合作、互助的社会称为_____。
   A. 礼俗社会    B. 法理社会    C. 亲密社会    D. 初级团体
9. 正式的、疑惧的、矛盾的、不亲切的、商业型的社会被称为_____。
   A. 礼俗社会    B. 法理社会    C. 亲密社会    D. 初级团体
10. 一个公司内有董事长、副董事长、总经理、副总经理、经理、副经理、科长、股长、科员、工友等阶层，职责明文规定，互动方式也是循序而进。这一个公司是_____。
    A. 正式团体    B. 非正式团体    C. 法制团体    D. 理性团体
11. 联谊性质的俱乐部、家庭、同辈团体等一些规模较小，成员不多，没有严格典章制度的团体是_____。
    A. 正式团体    B. 非正式团体    C. 法制团体    D. 理性团体
12. 台湾大学是台湾大学学生的_____。
    A. 内团体    B. 外团体    C. 非正式团体    D. 法制团体
13. 一个学法律的学生，虽然还没当上律师，可是总以律师公会的规定或行动作为自己行动的依据。这种情形下，律师公会就成为这个法律系学生的_____。
    A. 参考团体    B. 内团体    C. 外团体    D. 法制团体
14. _____指人们为争取同一个目标在双方同意的规则下所产生的竞赛。
    A. 冲突    B. 竞争    C. 交换    D. 对抗
15. _____指人们自愿参加的团体，在业余时间参加其活动。通常是为协助社会处理或解决某些问题而设立的，会员参加与退出皆相当自由，其成员人数多少不拘。
    A. 内团体    B. 福利组织    C. 自愿组织    D. 官僚组织
16. _____以非物质的称赞、认可作为奖励与控制会员的方法和手段的组织，教会就是一例，凡信教的皆是弟兄，信教就得救。
    A. 强迫型组织    B. 功利型组织    C. 规范型组织    D. 意识型组织
17. _____是正式组织的一种。它是为达到高度效率而建造出来的一种组织，其所作所为皆是为了求高效率，以达到组织的既定目标。
    A. 官僚组织    B. 政府组织    C. 功利组织    D. 规范组织
18. _____指出官僚组织里的成员总因以往的工作成绩而获得升迁，而非按照该新职位的需要而找人填补。因此，人会一直升迁到他终于不能做好而停顿下来。
    A. 寡头定律    B. 彼得原理    C. 雇员定律    D. 升迁原理
19. _____主要是把工人当做机器来看待，以追求最高效率为主要目标。他们认为只要给高报酬，工人就会有高效率；而且工人越精于其专长，工作效率就会越高，其生产量也越多。
    A. 人情观点    B. 古典观点    C. 社会关系观点    D. 日式管理观点
20. 下面哪一种定律指出所有的官僚组织都会继续扩大？
    A. 帕金森定律    B. 彼得原理    C. 劳伦斯定律    D. 亨利原理

# 第六章

# 越轨行为

## 6.1 越轨行为

根据功能论学派的观点，社会是由一群具有共同价值观念的人所组成的，他们按照社会的期望，遵守社会规范，表现出类似的模式行为（patterned behavior）。因此，同一社会的人彼此可以沟通、了解，运用类似的符号来互动。如此，社会才能稳定，人与人之间的关系才会和谐。

但是每一个社会里总会有一批人，他们不按照社会规范做事，其价值观念与其他社会成员也不一样，甚或故意违反社会的期望；这批人就是社会学上所指称的越轨者（deviants）。而那些与社会大众所认可的价值观念、行为规范有所不同的行为也就成为社会学上所称的越轨行为（deviant behavior）。社会的大多数成员都遵守一套行为准则，而越轨者表现出一套不同的行为模式。越轨行为不仅能在异质性强的工业城市社会里出现，在同构型显著的农业社会里也一样能发现。

早期的一些社会学家在研究越轨行为时的观点与理论并不完全一致。这些早期的观点包括下列几种：

（1）**绝对论观点**（absolutist view）。认为社会规范是社会成员所认同的，每个人都清清楚楚地知道。所以，哪种行为是越轨行为、哪种人是越轨者，应该是十分明显的。某些行为，例如嫖妓、吸毒、同性恋等越轨行为，不论在哪个社会都是越轨行为，它们不会因不同的社会而有所改变。然而，绝对论观点并未说服大多数的学者。由于文化的不同，某些行为在某些社会被视为越轨行为，在另外的社会却是正常的、被接受的。例如在西方社会里，自杀被认为是懦弱的表现，是越轨行为。然而，在日本，为了维护个人或团体名誉而出现自杀行为，不仅不算是越轨行为，有时还被社会鼓励。在中国的餐厅里大声对谈是司空见惯的平常行为，可是在美国的饭店却是越轨行为。对与错并非是绝对的。今日大多数的学者对越轨行为不采纳此绝对论的观点。

（2）**道德观**（moralist view）。把越轨行为视为反道德、反社会的行为；换言之，认定越轨行为是邪恶的、罪恶的。社会里只有两种人：正常有道德的人和不正常没道德的人，所以越轨者应受到社会的惩罚。持这种观点的学者也常相信越轨行为是天生的、遗传的。

（3）**第三种早期的观点是从医疗及病理学的观点来研究越轨行为，认为它们是有病的，是社会不健全的产物**。一个健康的人不会出现不正常的行为或心理，因此一个健全的社会就不会有越轨者；强奸、抢劫、精神病、酗酒等皆显示出社会的不健康、不正常和患有疾病。

（4）**第四种早期的观点是从统计分配上来看**。大多数人所遵守的行为就是正常的行为，少数人所表现的行为就是越轨行为。所以越轨行为不一定就是病态，而是与众不同。例如：绝大多数人用右手写字、做事，因此用左手写字、做事的人就是越轨者。这不是对错的问题，而是多与少的问题。如果大家都走右边，那么走左边的人就是越轨者，应该受到惩罚。

以上这些早期的观点把正常人与越轨者划分成对等的两种人，没有含糊的地方。目前，社会学家已不再坚持这种不正常就是越轨的看法，而是把越轨看成一种相对的行为；也就是说，同一种行为在不同的社会里可能会被解释成不同的意义；在不同的时期，也可能有所不同。例如：离婚在二三十年前的美国社会算是一项越轨行为，不为社会所允许；这在21世纪的初期已变成是解决不相配婚姻关系的一种被接受的方法，不再算是越轨行为。然而，在许多其他较传统的社会，离婚者，尤其是女子，常被用异样的眼光看待。所以，行为是否是越轨行为的标准不是绝对的，而是相对的；它受时间、空间的影响，研究越轨行为就必须注意到该社会的结构与时代背景。不仅如此，有些行为在不同的团体都可能有不同的越轨标准。例如，在美国，一夫多妻是不被允许、不合法的，但是在一小群摩门教徒（the Mormans）里却是正常行为。在台湾，劳工阶级嚼槟榔提神没什么不对，但在中、上流社会却把它看做一种越轨行为。

按照相对论的看法，越轨者不是天生的，越轨行为也不是遗传的。越轨与否的决定必须考虑个人的行为、互动时的对象，以及整个社会的规范；所以研究差异行为必须注意到越轨行为发生的状况，人们对它的反应，以及行为本身。现代科学对越轨行为的理论观点，部分仍受早期古典理论的影响，但大多数已经注意到越轨的相对性质。虽然生理学家和心理学家的解释仍然把越轨者看做因生理或心理上的缺陷所造成的，而社会学家的重点已逐渐转移到对越轨行为发生的社会环境和时代背景的探讨。社会学家的论点有如下几种：

## 失范论（anomic theory）

失范论是由社会结构的角度来解释越轨行为，这是功能学派的默顿（Robert K. Merton）借用涂尔干的失范（anomie）概念应用到越轨行为的解释上。涂尔干研究自杀时就曾经提出当社会现象或个人生活发生解组时，人们可能会自杀，他称这种自杀为失范式自杀。因为在这种情况下，社会行为规范不存在了，人们无所遵循，无所适从，就走上了自杀一途。默顿将此概念引申，认为社会提供人们的理想与达成理想的现实间有一段差距：一方面社会鼓励人们追求某一种特定的理想和目标，另一方面却又没有办法让所有的人都获得该目标。于是，二者间的差距造成人们的越轨行为；理想和目标是文化价值体系的一部分，而其追求理想、达成目标则必得遵从社会的行为规范。因此，二者间可能产生五种形态：

（1）**遵从者**（conformist） 依社会规范所允许的方式追求文化价值所认可的理想、目标为遵从者；五种形态中唯一不是越轨者的。

（2）**创新者**（innovationist） 以社会规范不允许的方式获取文化价值里所认可的目标为创新者。

（3）**形式主义者**（ritualist，又称仪式主义者） 热烈、呆板地遵守社会规范，却不在意目标的追求，为形式主义者。

（4）**退缩者**（retreatist） 对什么都没有兴趣，既无意遵守社会规范，也无心追求理想目标，醉生梦死地过日子，为退缩者。

（5）**反叛者**（rebellionist，又称反抗者） 既反对社会规范，又反对文化目标；还想推翻现有的体制，采用新的制度方法，为反叛者。

按默顿的看法，除上述第一类型外，都是越轨者；这些越轨者的越轨行为往往是受社会环境的影响而造成的。如果没有社会规范与文化目标间所造成的差距或迷思，越轨行为则不会产生，因为如果社会能满足每一个人的需求，则每一个人都会是遵从者。现将默顿的看法列成表6-1供参考。

默顿以美国社会中人人想发财的价值观为例。按照社会的规范，致富是靠接受良好教育和努力工作才实现的。因此如果某人努力读书和勤奋工作而成为百万富翁，那么这个人就是默顿所归类的遵从者；因为他按照社会所允许的途径得到社会所赋予的报酬，是规规矩矩的遵从者，所以不是越轨行为者。但是如果某人以社会不允许的方法（如贪污或地下钱庄聚财等）而致富，他就是创新者，是越

表6-1 默顿的越轨行为论

| 类型 | 文化目标 | 社会规范 |
| --- | --- | --- |
| 1.遵从者 | ＋ | ＋ |
| 2.创新者 | ＋ | － |
| 3.形式主义者 | － | ＋ |
| 4.退缩者 | － | － |
| 5.反叛者 | ± | ± |

轨行为者。至于那些平常规矩上下班但无心于成功致富的人，就是形式主义者，也是越轨行为者。至于那些游手好闲，整日沉醉于酒乡和毒品的人，既不按社会规范读书工作，又不想追求社会的期待致富的人是退缩者，也是越轨行为者。至于那些既不愿意读书做事，又唾弃金钱财富，幻想过一种完全不同的逍遥生活，如20世纪六七十年代的美国嬉皮士，默顿认为他们属于反叛者。

## 文化传播论（cultural transmission theory）

根据文化传播论，越轨行为是社会成员在其周围环境中习得的，尤其是透过比较亲密的初级团体成员，例如家庭成员或同辈团体中的亲密好友。这个理论有时也被称为亚文化论（subculture theory），因为它强调在家庭或同辈团体内，这些行为是被接受、被允许的；一旦出了这个亚文化，这些行为就不被整个社会接受，是为越轨行为。例如：部分摩门教徒仍采取一夫多妻制，在其小团体内是被接受的，但整个摩门教会或美国社会都视其为越轨行为。

## 标签理论（labeling theory）

根据标签理论，一个人所做的行动本身，并不足以构成越轨行为的判定，而他人对该行为的标签，这才是最重要的。某一行为可能被认为是越轨行为，只要别人认为它是；这一行为也可能不被认为是越轨行为，如果别人不知道，别人不认为它是越轨行为。也就是说，越轨行为是在社会互动中被标签、被认定的。近年来，社会学对越轨行为的解释比较偏重标签理论。尤其是把标签理论与冲突论的观点联系起来解释，则更有威力。所谓冲突标签理论（conflict-labeling theory）是把在上者视为具有给人标签的权势者，更把标签者的特权视为既得势力的支配团体对下层民众的一种压抑；在上者有权力决定哪一个人是越轨者，哪一种行为是越轨行为。因此，社会上的越轨者总以下层阶级者居多。

总而言之，社会学对越轨行为的解释着重在社会环境的重要性和社会互动的影响力。谁是越轨者并不重要，重要的是越轨行为为何出现，这才是社会学要解释的。

## 6.2 越轨行为的类型与控制

社会规范是社会里个人的行为标准，提示人们哪些行为在某种场合可以做，哪些不可以做；任何违反社会规范者即成为越轨行为者。然而，人们多少总会偶尔无意地犯错违规。这是很平常的事，不值得大惊小怪；这不是社会学家研究的主要兴趣所在。这种偶尔为之的越轨行为，概称为初级越轨（primary deviance）。但是如果一个人接二连三地犯错，有越轨行为的连续表现，这种时常出现的越轨行为就成为社会学家所称的次级越轨（secondary deviance），也就成为社会学的研究目标，因为次级越轨对社会整合的破坏性较大。例如一位大学生因为考试前晚睡过了头以至于考试作弊，以前从未作弊，以后也不想再作弊，这种就是初级越轨。但是如果变成习惯逢考必作弊，这就成了次级越轨。

另一种受到社会学家重视的越轨行为是精英越轨（elite deviance）。它是指由上层社会的个人或团体所犯的越轨行为，例如官商勾结、公司倒闭、政治欺瞒、贪污、操纵股票市场等。

越轨行为的种类，其实相当多。不过为了方便起见，我们把它归类成以下四大类：

（1）**越轨行动**（deviant acts）　指一些必须用具体动作或行动才能完成的越轨行为，例如自杀、强奸、暴力罪行等。

（2）**越轨习性**（deviant habits）　指一些社会不认可的习惯或嗜好，是一种连续习惯性的行为，例如赌博、吸毒、酗酒等。

（3）**越轨心理**（deviant psychology）　指一些心理不正常而无法按社会规范与他人产生社会互动的越轨者，例如精神病者、低能者。

（4）**越轨文化**（deviant culture）　指那些与社会正规文化有所不同的文化，可能是外来的文化，也可能是该社会里的亚文化；因其不同，而被视为越轨。尤其是在一些强调文化本位主义或族群中心主义的社会里，除了本身文化之外，其他一切都常被视为越轨文化。

既然越轨行为是一种违反社会规范的行为，社会为了整合总是想尽办法来加以修正或控制；社会控制（social control）就是社会用来对付越轨者的已制度化的方式或手段。社会控制通常包括以下几种主要方式：

（1）**社会化**　社会学家认为最有效的社会控制方式是个人的自制（self-control），也就是不需假手他人而由个人节制自己的行为。在社会化的过程中，将社会的规范内化（internalization）到个人的人格里，成为为人处事的重要指导原则。因此，如果社会化成功，社会就不会有太多的越轨成员。许多犯罪者是从破碎家庭长大的，因为在这种家庭里的社会化不完全，未能对个人的行为产生节制的作用。

（2）**非正式团体的压力**　这是指同辈团体的压力，特别是在青少年时期。因为在这一段时期，青少年往往有一种需要被他人接受的社会压力；如果他的同辈团体有越轨习性或行动，为了讨好这些人，他可能就和大家一起做坏事；如果同辈团体规规矩矩，他也就会中规中矩。所以，运用同辈非正式团体的压力来引导青少年行为是很重要的。

（3）**奖励与惩罚**　依照行为主义论者和交换理论者的观点，人们会重复做那些能得到奖励的行为，也会避免做那些会带来痛苦或惩罚的行为。奖励社会上遵守社会规范的人（例如公开表扬模范学生等），而惩罚违反社会规范的人（例如打击犯罪运动、加重刑期等）。社会学家与心理学家大多数认为社会化是事前的预防，是越轨行为的治本办法；而奖励惩罚则是事后的补救，是属于消极性的办法。虽然奖励惩罚可以获得短期的立即效果，但是最主要的还是要大家能遵守社会规范。减少越轨行为的方法应该是社会化与奖赏惩罚两方面的配合使用。

## 6.3 越轨行为的正面、负面功能

虽然越轨行为是一种违反社会规范的行为，但是事实上每一个社会都多多少少能容忍少数、又不至于造成社会解组的越轨行为的存在。所以，除了负面的功能外，越轨行为也有其正面的功能。就负面功能来讲，越轨行为降低社会效率及整合性。当一个社会有太多的越轨者和越轨行为时，就很难维持社会的正规活动及运作。犯罪就是一个很明显的例子，当一个社会有太高的犯罪率时，这个社会必定混乱，人心惶惶；如果不能安顿人心，就可能导致整个社会的解组。所以，从负面功能来看，越轨越少越好。

但是社会学家也指出越轨行为可能有下面几项正面功能:

第一,越轨行为虽然是不正规的,但是有时候却可提高一个组织或团体的效率。人们按正常的规则办事可能会拖拖拉拉,办不成事;绕个弯来办事,虽然违规,却可能把事办得更有效率。例如:一个政府机构准备派人出国进修,如果按照正常的作业程序,分层请示批核可能要拖上一年半载。在这种情况下,机构为了赶时效,派人亲自带着申请文件,到每一承办单位签办,不经过公文呈递渠道,可能一个星期、十天就把事情办出来了。这样做虽然不合机构的常规,却是高效率的结果。因此,这类越轨行为对组织或团体是有正面功能的。

第二,越轨行为可能给社会提供一个缓冲的空间。任何社会总难免不能满足各个成员的基本需求,如果社会管束得太严厉,可能会导致出现社会成员应付不了的精神压力,甚或引发社会性的暴动与革命。因此,只要这些行为表现或需求不十分过分,虽然是越轨行为,社会就可以睁一只眼闭一只眼地容忍下来。以功能学派对娼妓制度的解释为例,功能学派认为娼妓制度能满足那些没有婚姻配偶却有基本性欲而无法正常发泄的一群人;否则这些人为了满足性的需求,却又找不到发泄,可能导致强奸良家妇女,反而对社会有更大的破坏性。另一个例子是男人的流泪,在一个强调男人表现勇猛阳刚气概的社会里,男人是不准在大众面前流泪的,更不必说是痛哭流涕。然而,在痛失双亲、配偶等情况下,男人当众伤感是被社会所容许的;如果在这种情况下仍不容许男人发泄悲痛,而积闷心中,反会造成更大的生理与心理上的伤害。这些虽是越轨行为却发挥了一种缓冲的作用,对社会的功能是正面的。

第三,社会规范的准则有时候并非很清楚明确。人们虽有心照着去做,但却不知其所以然,还可能不知道其范畴限制所在。只有有人超越了该界限被罚,人们才知道对错的界限在哪里。例如:每一个机构都会要求其职员不可以公物私用,但是往往人们不清楚什么叫公物私用。拿点白纸回家给小孩用、用公家电话聊天、计算机储存私人资料,算不算公物私用?何况大家都这么做,习以为常。直到有一天,机构惩罚一位带文具回家用的职员,人们才知道"这真的是不可以的!"例如:美国有一家航空公司的一位空姐,因为机上忙得误了餐,她就把午餐盒子带了一份下机准备食用,结果被公司查到了,告她挪用公物,解聘了她。因此,越轨行为的发生与处罚,把越轨行为原本暧昧的准则显示了出来,有助于组织与团体的运作。

第四,一个团体或社会有时会因为越轨者的出现而更团结。大家集中力量全力对付该越轨者;更由于越轨者的出现,团体对遵守规范的成员更加爱惜和赞扬。

例如：某个地区突然出现了一个不良成员，连续骚扰良家妇女，连警察都抓不到，于是全地区的居民联合起来组成一个彼此守望相助的巡逻队，终于逮到了这个不良成员；在这种情况下，越轨者（即此不良成员）的出现，把原本像一盘散沙的居民团结起来努力追求同一目标（即对付越轨者），有助于社会的整合。

第五，越轨行为的出现是对团体或社会示警的信号，代表某种问题的存在。它可引起团体的注意，并设法纠正或另订规范。例如：一个学风优良的学校，突然发生学生逃课的现象，引起学校当局的注意，寻求原因，设法解决问题，恢复学风。在这种情况下，逃学是一种越轨行为，也是有问题的示警信号，使学校得以及时设法补救并解决问题，避免问题更加严重到不可收拾的地步。

## 6.4 犯罪问题

社会为了控制越轨行为，往往将之绳之以法，用法律条文明文规定违规行为及对其处罚的方法。一个国家或社会的越轨行为问题的严重性，往往可以由该社会的犯罪人数多少而看出，更正确的应是犯罪率。所谓犯罪率（crime rate）是指每10万人口中有多少起犯罪案件发生。以项目类别来分析，犯罪通常可以分为两大类：财产犯罪（property crime）与暴力犯罪（violent crime）。财产犯罪包括窃盗、欺诈背信、赃物、侵占等四项；暴力犯罪则指杀人、抢劫、伤害、恐吓、强奸等罪行。有学者将赌博、酗酒、嫖妓等称之为"无受害者犯罪"（victimless crime），这是指除了当事人以外并无其他的受害人，或指犯罪者及受害人是一个愿打一个愿挨，因此不能算是有受害人。然而，任何犯罪行为都有受害人，事实上没有所谓的"无受害者"的越轨行为。

另一种也是常常听到的是白领犯罪（white-collar crime），是指白领阶层利用职务上的方便而犯罪，例如逃税、挪用公款、公物私用等。这种犯罪相当普遍，却是防不胜防的，而且也无确实的统计数字。例如台北政客为高尔夫球场关说（用言辞打通关节，搞定某种关系），或华盛顿政界的"软钱"，都是白领犯罪的例子。有时候人们犯罪是故意的，然而许多却是无意中犯罪的：犯罪的人除了不少是初犯外，还有累犯；这些累犯把犯罪当做一种职业，这种人被称为职业罪犯（career criminals）。

社会上对犯罪者的管束控制办法，最主要是采用隔离监禁的方式。虽然感化是最理想的方法，但是效果不大。因此，很多社会皆以重刑来吓阻可能犯罪的人。

有时，甚至以极端的死刑为惩罚。近年来，台湾由于社会变迁速度相当急遽，并受到外来文化的冲击，传统的行为准则及新兴的行为方式之间产生了明显的隔阂。由传统的观点来看，许多新兴行为方式被视为越轨行为。例如未婚生子、街头游荡、青少年帮会组织等，都仍是社会所不认可的越轨行为。犯罪是越轨行为最显著的指针，台湾近年来犯罪率一直居高不下；其原因很多，例如枪支走私、黑道横行、治安人员素质低下、政治解严后社会转型的脱节等。

当前世界各国，犯罪问题是越轨行为中最大的问题。正如其他越轨行为的控制，社会化应是最有效的内在控制法：经由家庭、教育或同辈团体的诱导控制。但是内在控制费时良久，不能立竿见影，往往是远水救不了近火。于是借用外在控制，以惩罚及隔离方式把越轨者逐出日常的社会互动圈。监狱就只得越盖越大，受刑犯人数亦越来越多。

功能论者认为一个社会的稳定是建立在大众对社会规范的遵守之上的；越轨行为应受纠正。冲突论者虽然指摘上层社会控制团体的用心，但仍以维护社会稳定为目标。在社会学研究里，对越轨行为的了解有着一定的地位与必要性。

## 延伸阅读

萧新煌、张晓春、徐正光编，1988，《怨·乱·序》，高雄：敦理出版社

余汉仪，1995，《儿童虐待》，台北：巨流图书股份有限公司

Alder, Patricia A., and Peter Alder（1993）*Constructions of Deviance*. Belmont, CA: Wadsworth.

Clinard, Marshall B. and Robert F. Meier（1985）*Sociology of Deviant Behavior*, 6th ed. New York: CBS Publishing.

Greenberg, David（1981）*Crime and Capitalism*. Palo Alto, CA: Mayfield.

Pfuhl, Erdwin H., and Stuart Henry（1993）*The Deviance Process*, 3rd ed. New York: Aldine de Gruyter.

## 练习题

1. 那些与社会大众所认可的价值观念、行为规范有所不同的行为也就成为社会学上所称的_____。

   A. 犯罪行为　　　　B. 越轨行为　　　　C. 观点失调　　　　D. 激进行为

2. 离婚在二三十年前的美国社会算是一项越轨行为，不为社会所允许；而这在21世纪的初期已变成解决不相配婚姻关系的一种被接受的方法，不再是越轨行为。这种现象说明了越轨行为的_____。
   A. 绝对性　　　　B. 永久性　　　　C. 相对性　　　　D. 客观性
3. 在台湾的劳工阶级，嚼槟榔没什么不对，但在上流社会却把它看做一种越轨行为。这种现象说明了越轨行为的_____。
   A. 绝对性　　　　B. 永久性　　　　C. 相对性　　　　D. 客观性
4. 社会学家默顿认为社会的理想与现实之间有一段差距：一方面社会鼓励人们追求某一种特定的理想和目标，另一方面却又没有办法让所有的人都获得该目标。于是，二者间的差距造成人们的越轨行为。他的理论属于越轨行为的_____。
   A. 法理论　　　　B. 失范论　　　　C. 差距论　　　　D. 冲突论
5. 下面哪一类人不是默顿所指的越轨行为？
   A. 遵从者　　　　B. 创新者　　　　C. 形式主义者　　D. 退缩者
6. 对什么都没有兴趣，既无意遵守社会规范，也无心追求理想目标，醉生梦死地过日子的人是默顿所称的_____。
   A. 遵从者　　　　B. 创新者　　　　C. 形式主义者　　D. 退缩者
7. 如果某人以社会不允许的方法（如贪污或地下钱庄聚财）而致富，他就是默顿所称的_____。
   A. 遵从者　　　　B. 创新者　　　　C. 形式主义者　　D. 退缩者
8. 根据_____，越轨行为是社会成员在其周围环境中学习而来的，尤其是透过比较亲密的初级团体成员，例如家庭成员或同辈团体中的亲密好友。
   A. 社会学习论　　B. 文化传播论　　C. 环境污染论　　D. 报酬赏与论
9. 根据_____，一个人所做的行动本身，并不足以构成对越轨行为的判定，而他人对该行为的标签才是最重要的。一种行为可能被认为是越轨行为，只要别人认为它是；它也可能不被认为是越轨行为，如果别人不知道，别人便不认为它是越轨行为。
   A. 社会学习论　　B. 文化传播论　　C. 标签理论　　　D. 报酬赏与论
10. "文化大革命"中给人"扣帽子"的手段就是越轨行为论里_____的绝好例子。
    A. 暴政　　　　　B. 标签理论　　　C. 黑五类　　　　D. 共产主义
11. 人们多少总会偶尔无意地犯错违规。这是很平常的事，不值得大惊小怪。这种偶尔为之的越轨行为概称为_____。
    A. 初级越轨　　　B. 次级越轨　　　C. 三级越轨　　　D. 四级越轨
12. 如果一个人接二连三地犯错，有越轨行为的连续表现，这种时常出现的越轨行为就成为社会学家所称的_____。
    A. 初级越轨　　　B. 次级越轨　　　C. 三级越轨　　　D. 四级越轨
13. 一位大学生因为考试前晚睡过了头以至于考试作弊，以前不作弊，以后也不想再作弊，这种就是_____。
    A. 初级越轨　　　B. 次级越轨　　　C. 三级越轨　　　D. 四级越轨

14. _____是指中、上阶层利用职务上的方便而犯的罪，例如逃税、挪用公款、公物私用等。

  A. 公务犯罪  C. 白领犯罪  C. 蓝领犯罪  D. 粉领犯罪

15. 台北政客为高尔夫球场关说、华盛顿政界的"软钱"、公务人员公物私用都是_____的例子。

  A. 公务犯罪  C. 白领犯罪  C. 蓝领犯罪  D. 粉领犯罪

16. 有学者将赌博、酗酒、嫖妓等称为_____。

  A. 无受害者犯罪  B. 恶性犯罪  C. 暴力犯罪  D. 财产犯罪

17. 窃盗、诈欺背信、赃物、侵占等四项属于_____。

  A. 无受害者犯罪  B. 恶性犯罪  C. 暴力犯罪  D. 财产犯罪

18. 社会学家认为最有效的社会控制方式是_____。

  A. 个人的自制  B. 严厉的法律  C. 宗教信仰  D. 赏罚分明

19. 一些必须用具体动作或行动才能完成的越轨行为，例如自杀、强奸、暴力罪行等是_____。

  A. 越轨习性  B. 越轨行动  C. 越轨心理  D. 越轨文化

20. 在西方社会里，自杀被认为是懦弱的表现，是越轨行为。然而，在日本，为了维护个人或团体名誉而自杀的行为，不仅不算是越轨行为，有时还被社会鼓励。这说明了越轨行为的_____。

  A. 绝对性  B. 永久性  C. 相对性  D. 客观性

第七章

# 社会阶层

## 7.1 社会阶层的基本概念

社会阶层（social stratification）是指社会成员在财富、阶级或权力上有高低之分的不平等层次。社会阶层所谈的是社会不平等（social inequality）的现象；阶层及不平等二者是手心、手背，是不可分的。按照马克思（Karl Marx）的说法，社会里人与人的关系是建立在对生产工具的拥有与否之上的；有些人拥有生产工具，因此拥有财富及资源，这些人自然就高人一等。马克思称这种人为资产阶级（bourgeoisie），也是上层社会阶级的人。另外有一些人没有财富，是贫穷的，以劳力换取生活，这些人在社会里被视为低人一等。马克思称这种人为无产阶级（proletariats），也是下层社会阶级的人。

因此，马克思认为人的社会地位是由财富决定的。资产阶级为了增加其本身的利润与财富，必然会剥削无产阶级的剩余劳动力；而无产阶级为了改变其现有的困境，自然会设法夺取资源的拥有权而与资产阶级抗争。于是，资产阶级与无产阶级的斗争就不可能避免，一直到最后的无产阶级革命，建立了一个共产的社会，所有的社会资源为全民所拥有；到那时，产生了无所谓资产阶级或无产阶级的无阶级社会（classless society），斗争才会停止。

马克思的阶级论点毫无疑问是一种经济决定论（economic determinism）的单元论。社会学家韦伯认为个人在社会上的地位，并不完全取决于财富资产的拥有，其他的因素也可能决定个人地位。财富的拥有只是其中的一种，这种财富上的差别是阶级（class）的差别；除此之外，人们的地位也可以由政治权力的有无来建立，这种差别是政治（party）上的差别；第三种则是由个人声望与名誉来决定，这种差别是身份（status）上的差别。韦伯的贡献在于指出个人社会地位的决定因素，不仅只是财富而已，其他如权力与声望都可能影响个人的地位。同时个人地位的高低可能因评审的标准不同而有差别，例如：一个相当成功有钱的企业家，以财富来算，可以被列入上流社会；若以声望来评，只因为没受过教育，其社会地位就不高。这种现象在社会上是很普遍的，社会学用"身份不协调"（status inconsistency）来描述这种因不同评价条件而造成社会地位高低不一致的现象。

目前，多数社会学家对社会阶层的观点比较接近韦伯的理论，较少完全采用马克思的单元论。社会阶层的来源如何？是否是不可避免的？社会学者之间观点各异。主要有以下几种观点。

## 社会生物学的观点

在自然生物界，我们常看到一群动物中总有一只是领袖，带头行动。这是很自然的现象，因为领头的那一只必然是较强壮、较勇猛的一只，负有保护其他动物的责任。猴子、狮子，甚至鸡群，皆有这种高低不平的地位的分配。人的社会也一样。从社会生物学的观点来看，社会行为建立在生物基础之上。所以，人有高低之分是很自然的现象。人出生时在智力上、攻击性上、野心上、体能上等就有高低之分。那些有高智力、强攻击性，有野心或体能强壮者，自然成为在众人之上的领袖。而那些缺乏这类特质的人，自然为人所指挥，在人之下。

社会生物学的观点受到其他社会学家最大的批评是：为什么社会阶层制度会因社会而异。既然人类像其他动物一样由生理来决定阶层，那么所有的人类社会就应该有同样的阶层制度才对；同时，为什么同样的一种职务，在不同的社会里会有不同的社会地位？

## 剩余论观点（surplus perspective）

按照剩余论者的观点，最早期的原始人类社会是没有社会阶层的；人们饿了就找东西充饥，在一个地方，可吃的吃光了，就迁移到其他地方；人人都为觅食填肚子而忙碌，没有所谓阶层之分。一但人类定居从事农耕，就会多生产；增产的结果就会有剩余，于是造成财富。有剩余、有财富的人就变得比没有剩余、没有财富的人地位要高些，社会上会发展出一套分配这些剩余物资的制度。于是，这些有分配权力的人也就成为有权、地位高的人。所以，社会阶层的出现是在社会有了剩余以后才开始的。伦斯基（Gerhard Lenski）的演化论认为人类最早期的狩猎采集社会（hunting-and-gathering society）是无阶级差别的，因为人们靠自然生存没有个人财产，但而后的几个阶段里就有财产的累积，也就有了社会阶层。相关理论请参考"社会变迁"一章。

## 功能论观点（functional perspective）

功能论观点代表第三种社会学的观点，该学派认为社会里有许多职务，有高有低，有难有易，有些需要长时间的训练，有些人人都能担当；社会有义务安排所有的职务并选配最适当的人选；一个社会如果要继续生存和延续下去，必须鼓励人们担当困难且重要的职务。因此，社会给予这些人的酬赏就必然要高些；如果没有高酬赏，那么就不会有人愿意去做困难的工作；社会阶层就是由社会对不同工作职务的不同酬赏所引起的。社会阶层对社会有正面的功能，它也是无法避免的。功能论观点认为一个人或一个职务的高低取决于两个因素：

（1）其所承担的工作必须是有功能的，也就是必须对社会有贡献。

（2）其所承担的工作必须是难做且又少人能做的，也就是说，必须要有专门训练或才干。

二者缺一不可。如果一个人的工作重要，但不困难，许多人都能做，那么他得到的酬赏不会高，社会地位也不会高。例如：垃圾清洁队员，工作虽重要，但无须什么特别专长，而且能做的人很多；其地位不会高，其薪资也不太高。相反，在资本主义社会里，一个银行家的工作既重要，且需专长，故银行家的酬赏高，社会地位也高。当然，如果一个人的工作虽然难（例如高技巧的演艺人员），但对社会的生存与延续功能不大，其社会地位也不会太高。这个观点是由戴维斯（Kinsley Davis）和默尔（Wilbert E. Moore）共同提出的，因此也称为戴维斯—默尔阶层论（Davis-Moore Theory of Stratification）。这个理论反对帮助穷人的社会福利措施，因为这些人贫穷的原因是他们对社会没贡献也没什么特长。

### 冲突论观点（conflict perspective）

马克思认为人的社会地位取决于生产工具的拥有与否，冲突是在争夺生产工具。当代冲突论者则认为斗争是为了权力，而非仅是生产工具。有权力者高高在上享受财富和声望，是支配者；无权力者居下是受支配者，社会的不平等正是权力的不公平分配所致。马克思相信社会革命所创造的共产社会是平等的，无阶级也无斗争。冲突论则相信权力斗争不会停止，是不可避免的，也是社会的常态。当代冲突论者不认为马克思的完全平等的、无阶级的社会会出现。

## 7.2 社会阶级

社会阶层的涵盖面较大，社会阶级通常是指财富的不平均分配。在当代所有的人类社会里几乎都可以找到阶级制度。社会阶层的形态很多，大致可以归类成三种：

（1）**印度传统社会的"世袭阶层"**（caste stratification） 这是一种完全封闭性的阶层，没有流动，也没有选择职业或婚姻对象的自由；人的地位一出生就决定了，终身不变，而且阶层间彼此不相来往。阶层的安排与印度教的教义有关。

（2）**中古欧洲的"地产阶层"**（estate stratification） 个人的社会地位取决于是否拥有土地所有权或贵族头衔；贵族阶层成员拥有大量的土地，一般百姓则租用土地耕种农作物；虽然个人地位与生俱来，但仍然允许少量的流动性。一个没有土地的百姓人家子女，可经由任命或婚姻关系而取得土地，晋升贵族阶级。中古世纪时代，英国社会包括贵族、僧侣、自耕农三个阶级。

（3）**开放的阶级阶层**（open-class stratification） 一种开放可自由流动的阶层制度，虽有少数人的地位源自家庭背景，但大多数是经由个人努力而取得的。由家世背景而得来的"先赋地位"（ascribed status）在开放阶级社会里不多，但是经由个人努力而获得的"自致地位"（achieved status）则相当重要。社会阶级的界定，主要是以收入来评定。但是正如韦伯所指出的：一个人的社会地位不是完全由收入来决定，有时也受权力或声望所影响。因此，我们对社会阶级（social class）的评定包括：客观标准（收入、教育、职业等）和主观标准（声望、价值、信仰等）；具有不同客观和主观标准的人就属于不同的社会阶级。美国和大多数发达国家是开放的阶级阶层代表。

社会学家在划分人们的社会阶级时，一般使用以下三种方法：

（1）**声望方法**（reputational method） 这是由一组人依声望高低来排列另一群人的地位高低的办法，职业声望调查排列就是一例：研究者把所有职业陈列给受访者，受访者按其个人的看法依高低排列。又如到某个社区乡镇，请社会成员把当地人按声望排列地位高低。

（2）**主观方法**（subjective method） 这是一种由受访者自己安插评定自己社会地位的方法，例如，"请问你认为自己属于哪一个社会阶级？"在台湾地区的研究发现，过半数的受访者认为自己属于中产阶级；而美国比率则高达80%，甚或90%以上。

（3）**客观方法**（objective method） 这是利用客观指针来划分人们的社会阶层等级，这些客观标准包括教育程度、经济收入、职业职位；一个拥有大专学位的人就比小学都没毕业的地位高。为了减少前面所提的"职务不协调"的情境，社会学家往往把客观的指针给予加权、综合计算，而达到一种社会经济地位（socioeconomic status）的指针，简称SES。SES分数越高，社会阶级越高。

社会阶级到底有多少？其实，社会研究者对社会阶级的数目并无一定的共识，这要看研究的题目与目的而定。有些学者把一个社会里的阶级划分为三个阶级，即上层阶级（upper class）、中等阶级（middle class）及下层阶级（lower class）。有些在中等阶级与下阶级之间，增添一个工人阶级（working class），而成四个阶级。也有把中等阶级分成二：上中下中两阶级。还有把上中下再各分成上下两个阶级：上上、下上、上中、下中、上下、下下共六级。不过用到这么详细的六级制就显得复杂了些。

社会上对财富不平等的感觉是贫富之间的差距。社会问题研究者对社会贫穷问题的研究是相当重视的，贫穷（poverty）有两种：一种是相对贫穷（relative poverty），是指一种比不上大多数人所拥有的财产的状况；一种是绝对贫穷（absolute poverty），则是指一种连基本生存的需要都不能达到的状况。当一个社会进步以后，贫富间的差距会减小，处于绝对贫穷的人数也会减少；至于有多少具有相对贫穷感觉的人数则与整个社会对财富的公平处理有关。

一个开放型的社会，人们有改进自己社会地位或阶级的管道；人人都有受高等教育的机会，有改换职业的自由，穷人可以变成巨富，这些就是社会学家所称的社会流动（social mobility）。社会流动，大致上可以分为两种：平行流动（horizontal mobility，或称水平流动）是一种在同一阶级或地位上的流动，例如，一位在法律系教课的教授变成专业律师，这种流动并未改变其社会阶级；像这样职业上的转换（occupational shift）并不造成社会阶级或地位的升高或降低。另外，人们从一个住处搬往另一个地区的地理流动（geographical mobility）也算是一种平行流动。

垂直流动（vertical mobility）则是指改变个人社会阶级或地位的流动。由较下层的阶级升往较高阶级的流动是一种上升流动（upward mobility），而降到较低阶级的流动则是所谓的下降流动（downward mobility）。我们在职业或事业上的流动，大致上是由低层做起，而逐渐上升到主管位置；因此，上升流动多。当然也有人因犯错而降级，是为下降流动。在两代之间社会地位的比较上，常常可以经验到垂直流动；如果下一代子女的社会阶级较父母亲高，这一家庭正经历着上升流动，相反则为下降流动。这种两代间的社会流动就是所谓的世代流动（generational mobility，或称代际流动）。

在一个高度工业化的社会里，社会流动会相当频繁。通常平行流动比较常见，垂直流动也比传统社会多。这种频繁流动的因素可以包含下列几项：

（1）在工业社会里，不同阶级的生育率不同；高阶级家庭大致上是小家庭，儿女不多；低阶级家庭则可能子女成群。由于高阶级家庭子女少，上层社会位置无足够人员全部填充，给下层阶级成员提供了上升的机会。

（2）工业社会里的高科技创造了许多非手工、服务业等的中上层职位。因此，原先以出卖劳动力为主的工人就有了较多的中上层就业机会，例如：近年来新兴的计算机科技创造了不少新兴的专业就业机会。

（3）移民的因素。绝大多数新移民为了生存，到了移居地后总是做较低贱的工作；其社会地位较低，收入较少。这些低贱的工作不再由当地人来做，而使他们有转升至较高职业就业的机会。

（4）工会的运作。在许多资本主义社会里，工会的运作为工人争取到较高的收入与较合理的工作环境，使原本是低收入的工人转升入中产阶级。

（5）政府的政策也能改变社会阶级。政府如大力推广社会福利，能减少贫穷；政府若增加就业机会，那么中产阶级人数会增加。

社会流动除了受上述社会因素外，个人因素也有其影响力；个人的性别、教育程度、种族成分等都会影响个人社会地位或阶级的改变。在当代的工业社会里，教育背景似乎是最重要的一个因素；一个社会成员要往上爬，最好的条件就是接受良好完整的教育。

## 7.3 社会阶层的普遍性

社会阶层大致来说具有以下几项基本特征：

（1）社会阶层的差别不是天生的，而是社会所制造出来的。因此，同一个特质在不同的社会里就可能有不同的阶层位置。例如：年龄就能影响一个人的社会地位，在东方社会里，年纪大的人的地位远较西方社会为高。年龄虽然是生理上的特征，然而，年龄的价值因社会而异，使老年人的地位有高低不同之分。

（2）每一个社会皆有社会阶层。从最初级的原始社会一直到当代的工业社会，都可以发现社会阶层制度的存在。老少、男女地位的差别，统治者与被统治者的高低之分，几乎都可以在每一个社会里找到；目前，即使在号称无阶级之分的共产社会里，也因权势的有无而有高低之分。

（3）社会阶层制度因社会历史、文化背景之不同而有差别，很少有两个社会有完全相同阶层制度的情况。古代印度的世袭制度、以色列的公社制度、美国的自由体制等皆大不相同。

（4）阶层制度对社会的每个成员都有深远的影响。一个人出生于豪门或穷困之家、中上层白领阶层或劳工家庭，他的经历、机会自会不同；其人生观、生活方式、对世事的看法、与人互动的模式都会受家庭背景的影响而有所不同。

台湾社会自然也有阶层差别的存在，尤其在工业化的冲击下，其决定个人地位的因素就比较复杂，例如个人家世背景、教育程度、经济收入等。目前，台湾社会阶层制度的特点之一是其标准的多元化，这是社会进步的象征。一个传统的社会往往是以家世背景单一因素来做标准，但是在一个较进步的社会，则有较多元化的标准。台湾社会阶层既然是以多元标准来厘定个人地位，社会流动的频率就高。个人可经由努力或机缘来厘定个人自己的社会地位，或提升或降低。基本上，台湾的上流社会成员包括台湾当局的最上层精英，以及少数的工商巨头；中上层阶级则包括台湾当局的中级干部，以及工商企管业经理级以上的人员；中下层阶级则包括台湾当局的基层人员、商贸服务业人员；下层阶级则有一般以劳力职业为主的工人、无业者。上面这些描述大致是对的，但近年来由于房地产的高涨，中、下层成员也可能坐拥千万元价值的房地产，所以单以收入来算，社会地位已不足以反映社会阶层的真相。

## 延伸阅读

陈宽政，1982，"能力与成就之社会学考察"，《三民主义所专题选刊》（50），台北："中央研究院"

萧新煌，1989，《变迁中台湾社会的中产阶级》，台北：巨流图书股份有限公司

Anderson, Margaret L., and Patricia Hill Collins（1998）*Race, Class, and Gender: An Anthology*, 3rd ed. Belmont, CA: Wadsworth.

Bao, Xiaowen, trans.（2005）*Social Mobility in Contemporary China*. Montreal, Canada: America Quantum Media.

Beeghley, Leonard（1989）*The Structure of Social Stratification in the United States*. Englewood Cliffs, NJ: Prentice-Hall.

Blau, Peter, and Otis D. Duncan（1967）*The American Occupational Structure*. New York: Wiley:

Carnoy, Martin, Manuel Castells, Stepohen S. Cohen, and Fernando Henrique Cardoso, eds.（1993）*The New Global Economy in the Information Age: Reflections on Our Changing World*. University Park, PA: The Pennsylvania University Press.

Hauser, Robert M., and David Feathermann（1977）*The Process of Stratification.* New York: Academic Press.

Oliver, Melvin L., and Thomas M. Shapiro（1995）*Black Wealth / White Wealth: A New Prespective on Racial Inequality.* New York: Routledge.

Svallfors, Stefan（2005）*Analyzing Inequality.* Stanford: Stanford University Press.

Vanneman, Reeve, and Lynn Weber Cannon（1987）*The American Perception of Class.* Philadelphia: Temple University Press.

## 练习题

1. _____是指社会成员有高低之分的不平等财富、阶级或权力。
   A. 社会制度　　　B. 社会团体　　　C. 社会组织　　　D. 社会阶级

2. 按照马克思的观点，社会里人与人的关系是建立在_____的。
   A. 对生产工具的拥有与否上　　　B. 权力分配上
   C. 家庭背景上　　　　　　　　　D. 教育程度上

3. 有些人拥有生产工具，因此拥有财富及资源，这些人自然就高人一等。马克思称这种人为_____。
   A. 权势阶级　　　B. 资产阶级　　　C. 贵族阶级　　　D. 无产阶级

4. 有一些人并无财富，是贫穷的，以劳动力换取生活，这些人在社会里就低人一等。马克思称这种人为_____。
   A. 权势阶级　　　B. 资产阶级　　　C. 贵族阶级　　　D. 无产阶级

5. 一个相当有钱的企业家，以财富来算，他可以被列入上流社会，可是因为没受过教育，故若以声望来评，则其社会地位不高。这种现象在社会上是很普遍的，社会学用_____来描述这种因不同评价条件而造成社会地位高低不同的现象。
   A. 身份不协调　　B. 地位不平等　　C. 阶级差距　　　D. 角色不均衡

6. 伦斯基的演化论认为人类最早期的狩猎采集社会是无阶级差别的，因为人们靠自然生存，没有个人财产，但后来的几个阶段里出现了财产的累积，也就有了社会阶层。他的理论属于_____。
   A. 功能论　　　　B. 交换论　　　　C. 剩余论　　　　D. 自然论

7. 哪种理论认为社会阶层就是社会对不同工作的不同酬赏所引起的。它对社会有正面的贡献，也是无可避免的？
   A. 功能论　　　　B. 交换论　　　　C. 剩余论　　　　D. 自然论

8. 哪个理论反对帮助穷人的社会福利措施，因为这些人贫穷的原因是他们对社会没有贡献也没有什么特长？
   A. 韦伯理论　　　　　　　　　　B. 帕森斯理论
   C. 交换论　　　　　　　　　　　D. 戴维斯—默尔阶层论

9. 当代冲突论者认为社会的不平等是_____的不公平分配所致。
   A. 财产　　　　　B. 权力　　　　　C. 家世背景　　　D. 地区
10. 哪一种阶层制度最为封闭？
    A. 印度传统社会的"世袭阶层"　　　　B. 中古欧洲的"地产阶层"
    C. 传统中国的科举制度　　　　　　　D. 当代工业社会的开放的阶级阶层
11. 由家世背景而得来和与生俱来的地位，如种族、性别、年龄等皆是_____。
    A. 先赋地位　　　B. 成就地位　　　C. 身材地位　　　D. 自致地位
12. 经由个人努力而得到的地位，如教育和收入等是_____。
    A. 先赋地位　　　B. 成就地位　　　C. 身材地位　　　D. 自致地位
13. _____是指一种比不上大多数人所拥有的财产的状况。
    A. 相对贫穷　　　B. 绝对贫穷　　　C. 完全贫穷　　　D. 整体贫穷
14. 改变个人社会阶级或地位的流动是_____。
    A. 平行流动　　　B. 垂直流动　　　C. 职业流动　　　D. 步步升高
15. 在当代的工业社会里，教育背景似乎是最重要的一个因素，一个下层社会的人要往上爬，最好的条件就是要有_____。
    A. 良好的家世　　　　　　　　　　B. 正确的宗教信仰
    C. 良好的教育　　　　　　　　　　D. 正确的政党
16. 在工业社会里，不同阶级的生育率不同，高阶级家庭大致有_____。
    A. 较小的家庭　　B. 较多的子女　　C. 较高的离婚率　D. 较多的单亲子女
17. 张小姐在一家公司任秘书，最近换到另外一家公司仍然任秘书。张小姐这种职业上的流动是_____。
    A. 平行流动　　　B. 垂直流动　　　C. 职业流动　　　D. 步步升高
18. 马克思相信资产阶级与无产阶级斗争的结果会出现一个_____。
    A. 人民共和国　　B. 联邦共和国　　C. 共产社会　　　D. 资产社会
19. 韦伯称财富上的差别是_____。
    A. 阶级的差别　　B. 政治的差别　　C. 身份的差别　　D. 角色的差别

第八章

# 少数团体：族群、妇女及老人

## 8.1 少数团体的定义

在前一章社会阶层里曾讨论了在经济、声望、权力上所产生的个人与个人间的不平等，社会阶级的存在是因为上述社会资源不公平的分配。在这一章我们将讨论另一种形态的社会不公平，这不是指对个人，而是对整个团体所给予不公平待遇的地位，即所谓的"少数团体"或"弱势团体"（minority group）。这些并不是指某一个人口数量较少或人口比例较小的团体；人数的多少并不决定该团体是否为弱势或少数团体。社会学对少数团体这个概念的用法，基本上是以其社会地位的高下为参照的。当一个团体在社会里遭受另一个团体的欺凌或压迫，并给予经济上或政治上的不公平待遇时，这个团体就是少数团体，也就是社会上被压迫的弱势团体。例如：南非共和国，在人口的数量上，黑人人数远超过白人，如果以人口数字来看，黑人应该不是少数目的团体；然而，黑人无论在政治、经济、社会地位上，都受到白人的压抑和控制，沦为三等国民。在社会学里，南非的黑人是所谓的弱势或少数团体。美国的黑人、亚裔也是少数团体，因为在美国社会里他们因肤色、血统是黑人、亚洲种族，而受到不公平的待遇。

种族的不同所造成的高低不同待遇是比较容易了解的。但是少数团体也可以运用到妇女与老人团体上，因为这两个团体也都受到社会的歧视和不公平待遇。同样，从美国现今的人口性别比率来看，妇女人口比男性人口要多，却因其较低的社会地位而沦为少数团体。与少数团体相对的一个团体，就是多数或众数团体（majority group），即在社会资源分配上占优势，而有支配他人或其他团体的权势团体。南非联邦的白人，美国的白人，或者社会里的男性或年纪轻者都可以说是众数团体。社会学研究少数团体，是欲了解其在社会的真正地位及其沦为少数团体的原因。

## 8.2 种族与族群

一般人看来，种族（race）和族群（ethnic group）往往是可以交换使用的。但是社会学家在处理少数团体时，却必须把二者的不同特质指点出来。种族一般来讲是指人种体质特征上的差别，这是生理上的遗传，例如：白种人、黑种人、黄种人等。不过肤色只是种族差异特质的一项而已，学者们还指出头发的颜色、血型、头形、眼睛，甚至耳垢等的差异。不过，由于数百年来的通婚与迁移，现在很难再找出纯种的人类。现在的人种，多多少少都混合了其他人种的特质；所以，生物学上的种族概念已不再那么重要。但是一般人仍然沿用旧称。

现代的社会科学家认为族群的用法是比较有意义的。种族是依据生理状态来分类，而族群则用文化的特质来区分。人们由于宗教、语言、国籍的不同，而有文化习俗的不同，因而组成不同的族群。以美国为例，特别常见的族群如波兰裔美国人（Polish Americans）、华裔美国人（Chinese Americans）、犹太裔美国人（Jewish Americans）、拉美裔美国人（Spanish-speaking Americans，或称 Hispanics）等。在中国，汉、满、蒙、回、藏五族虽有体质上的些微差别，主要的还是文化上的差异。以中国幅员之大，人类学家已找出不少族群，除了上述五族外，还有超过500万（1990年资料）的壮族、苗族、维吾尔族、彝族、土家族等分别处于我国西北、东北、西南及南部地区，各具其特有的习俗、语言。

某些族群在社会里遭受不平等的待遇而成为少数或弱势团体。族群与族群间的互动，往往造成彼此间的误会、冲突，甚至残杀。一种最常见的态度是偏见（prejudice），这是一种先入为主的观点，往往是不正确的。它不是对个人，而是对一群人、一个团体。例如：在美国，常有人把黑人看成是智商低、好吃懒做、不上进而又凶悍的人，也把他们看做属于玩体育、跳舞的人种；犹太人则被视为好利的奸商。在中国社会里，一向都是本地人或本省人看不起外地人、外省人；反之亦然。偏见观点常会引发歧视（discrimination）的行为，这是以先入为主的观点付诸行动，歧视他人或其他族群，而使其受不公平的待遇。

有人认为，偏见的产生是由于两个团体直接交往以后才发生的。其实不然，偏见的产生大多是因为缺乏来往。两方面各自以既定先入为主的想象或道听途说的描绘，制造反面的印象，加深双方面的误解，甚或引起冲突。在19世纪的中国封闭社会里，中国人与西洋人的来往不多，因此把西洋人看成有高鼻子、蓝眼睛的"洋鬼子"，穷凶极恶。这主要是因为与西洋人接触不多而发生的误解；后来民智开放，中外互动增多，对西洋人了解增加，负面性的互动沟通歧视就减少了。

偏见往往建立在一种刻板印象（stereotypes）上，往往凭借不正确的想象而对某一种人或团体加以定型。例如把美国人一律看成数学白痴，却把所有中国人都看成数学天才；或把美国学校里的亚裔学生都看成只会念书的书呆子（nerd）等都是刻板印象的例子。这种刻板印象虽然有时并非全怀敌意，往往会有反功能或造成反效果。这些反功能包括：

（1）刻板印象往往是依据一些不正确的资料而定型，因此可能影响其他社会成员对某一团体的印象、观点或判断。

（2）刻板印象往往成为用来支持对某一弱势团体偏见歧视的借口。

（3）刻板印象的结果可能造成受害人变成自卑和自贱，承认其刻板印象的真实性，更进一步地表现那些刻板印象的特征。这就是所谓的自我实现预言（self-fulfilling prophecy）。

（4）刻板印象可能加深族群间的误解或仇恨，变成互动了解的阻碍。

心理学家研究发现，一个缺乏自尊心、自信心的人最会用偏见来申辩自己个人的失败。同时，他们也指出：偏见不是与生俱来的，而是从经验中学习来的，是一种态度上的表现。

族群冲突的另一种歧视方式是差别待遇（discrimination）。这是外在的行为或行动的表现，也就是以不公平的方式对待其他人或族群。例如：在雇用人时，用省籍或国籍作为标准，只雇用本省人或外籍劳工，都是差别待遇的表现和做法。偏见和差别待遇常能重复产生，就像恶性循环一般。如图8-1所示。

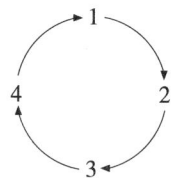

第一阶段：偏见及差别待遇开始。这往往是种族中心主义在作祟，也是对弱势团体经济剥削的借口。

第二阶段：由于偏见和差别待遇，弱势团体在社会阶层里处于较低的地位。

第三阶段：这种低地位被解释成弱势团体本身内在的劣质，而不是偏见歧视或差别待遇所造成的后果。

第四阶段：由于弱势团体本身的自我应验预言，更让强势团体再有借口，于是偏见及差别待遇脱了缰，又重新出现；如此恶性循环周而复始。

**图8-1 偏见及差别待遇：恶性循环**

种族主义（racism）是一种系统性、制度化的偏见歧视等差别待遇的信念与行动。种族主义具有的特质有：（1）它是一种自认为比他人或其他族群优秀的信念；（2）它是一种用来敌视他人的借口；（3）它使人们以行动来支持这信念，对他人或族群歧视、敌视或攻击。种族主义可能造成的后果有时候是"种族灭绝"（genocide），这是最严重的后果，它试图将整个族群全数消灭，或不让有下一代，例如第二次世界大战德国纳粹屠杀犹太人；有时候是大量的驱逐出境（mass expulsion），例如"越战"之后，越共政府驱赶华裔越人出海。

虽然社会里的族群冲突仍然到处可见，但是某些社会仍试图发展出一套方法来减少彼此间的冲突。这套方法至少有三种模式可循：

1. **同化**（assimilation） 指将社会里不同族群同化在众数团体的文化或生活方式中。我国历史上的汉化，事实上就是同化，让其他所有民族学习汉民族的文化。用公式来表示则如下：

$$A + B + C => A$$

这里A、B、C各代表一种族群，在同化的过程中B和C放弃其原有的文化及行为模式而融入主流文化A里。

2. **多元论**（pluralism） 容许各个族群的文化相互并存，彼此尊重，互不干扰。例如：新加坡就包容了中华文化、马来西亚文化、印度文化等。以公式来表示则如下：

$$A + B + C => A + B + C$$

3. **融新**（amalgamation） 指各族群特质融合一起而产生一种崭新的文化或生活方式。例如：现今的墨西哥实为西班牙人和当地的印第安人经过数代的成婚交配而融合成的新文化、新人种。以公式来表示则如下：

$$A + B + C => D$$

在这里D是一种新文化，容纳了原来所有的A、B、C文化而组成的一个新的综合体。

上述三种模式，第三种整合似乎最为理想，但是很难做到。同化则被批评成众数团体强迫少数团体的顺服屈就，不能说服众人。现在很多学者主张的是多元论，也就是肯定并容许各族群的特色同时存在。但是多元论说起来容易，做起来也不容易。社会资源永远不够，其分配也永远不可能公平；总有多与少、上与下之分。因此，要真正能多元式的和平共存是很难的。

## 8.3 妇女的差别待遇

古人说：男女有别，是天经地义的事；男主外，女主内。女人在未出嫁前从父，出嫁以后则从夫。男人可以休妻、纳妾；女人要这样做几乎是大逆不道，有些还得守寡大半辈子。儒家的"唯女子与小人难养也"的观念在中国传统社会中根深蒂固。即使在当代的许多社会里，女性的地位仍然低于男性。男女在生理上有差别，这是性别（sex）的不同，是与生俱来的，一出生就决定了的，无从改变；这就是社会学上所称的先赋地位的一种。两性角色（gender roles）则是社会所认定的，是指社会对男女两性的行为期望，也是男女两性行为规范的准则。

男性的性别角色的社会期望包括赚钱养家、勇敢、独立、体壮、严谨、果断、有决心、有事业心；女性的性别角色则包括柔顺、体贴、牺牲、贤妻、慈母、管家、依赖、重感情等。这些都是社会对男女两性的不同期望。因此，小孩在社会化过程中就会被引导在不同的性别角色中发展：父母给男孩的玩具是汽车、枪炮、机器工具及需要思考的游戏等，给女孩的玩具往往是洋娃娃、小厨房用具、音乐盒等。在教育上，父母对男孩的要求、期望都较高，管教较严格，也多体罚；对女孩则较放松，书不一定要念好，学位不必太高，只要懂得处理家务事就好。这样的社会化经验差别养成男性支配、女性顺服的社会规范，更造成女性社会地位低于男性的现象。

功能学派的观点认为男女的分工或两性角色的不同是必然的，对社会的运作有贡献；因为有这种角色期望的不同，男人扮演一种工具性角色（instrumental role），做有意义的、有目的的实质工作，如在外的事业，赚钱养家，一家之主；而女人则扮演一种情感性角色（expressive role），来管理家务，抚养教育下一代，并弥补男人在感情上的空虚。男女各自扮演其应担当的角色，共同维护社会的稳定。

冲突论学者则认为女人之所以会有较低的社会地位，主要是男人在剥削女人，在支配女人。男人把女人关在家里，以照顾小孩为职责，这样可以限制女人活动的空间，而成为男人的财产或附庸品。因此，男女关系事实上就是一种不平等的权力分配关系。

目前，在工业化的社会里，由于工艺技术的发达，妇女在外就业人数逐渐增加，传统的男女地位已稍有改变。事实上，妇女虽在外就业，在工作场所里仍受到歧视；同等职位的妇女，其工资薪金较低，即所谓的同工不同酬；在升迁时，男性的机会远超过女性，即使妇女有机会也常因家庭、孩子责任大，或不能搬迁上任而婉拒。同时，妇女在外工作并未显著减少她在家务上所花的时间；不仅要上班，还要做家事，照顾孩子和先生，这就是所谓妇女的第二班（second shift）；妇女在当今的工业社会里深感角色超重（role overload）的困境。

这种较低的社会地位和超重的社会角色，对妇女有怎样的影响呢？从收入和经济状况来看，妇女在社会里的贫民比率相当大；这种贫穷状况尤其是以妇女为首的单亲家庭（即家里无男主人，而又有小孩需抚养的家庭）最为普遍，绝大多数都需要社会救济。由于我们的社会福利事业还不像欧美国家那么健全发达，在社会救济的数量上也许看不出妇女实际的依赖情形；但是妇女从事低收入职业或未就业的情形很是普遍。妇女从事低收入职业的原因很多，其中主要有以下几点。

首先，很多妇女没有适当的教育或职业训练，无法进入高收入的专门技术性职业。以台湾地区为例，理工科似乎是男生的天下，而文科是女生居多。虽有适当教育，却无职业训练，只能从事低收入的服务业。而且妇女结婚后往往休职在家，专心扮演贤妻良母的角色。这个角色常被社会认为不算是一份正式工作，无法有累积的工作经验以争取收入较高的职位。

其次，社会对妇女就业的歧视和差别待遇。即使在今天，许多家庭仍然认为女性应该在家做家庭主妇，高收入的专业职位常常不考虑由女性来担任。更何况，社会上仍有一种信念，认为女性的收入只是用来贴补家用，不是家庭的主要经济来源，因此不必支付高薪。再加上，妇女担负着生儿育女的责任，这往往阻碍升迁的机会或造成事业的中断。

除了经济收入低微之外，心理学家也注意到社会对妇女的偏见歧视，也可能造成妇女自我评价和自信心的低落、紧张的情绪、精神沮丧、成为男性性骚扰的对象，甚或造成自我应验预言等。心理学家也相信近年来日益增加的强奸罪行和家庭暴力，都间接与妇女在社会上所受的差别待遇有关。因此，妇女在社会上是一个受欺压的团体，虽然其人口不在少数，但是仍然是社会上的少数弱势团体。

## 8.4 被歧视的老年人

在大多数的农业社会和未开发的传统社会里，年龄代表着智慧经验的累积；因此，年纪大的人会受到社会的尊崇。但是，近年来在急速技术发展的冲击下，传统经验已不足以应付这个工业化社会之所需，年龄成为一种负担；年纪大的人逐渐被社会所摒弃。其实，这种对不同年龄的不同期望及差别待遇存在于许多社会。社会以年龄来安排他们的角色期望，老年人有老年人的角色期望和行为规范，年轻人有年轻人的角色期望和行为规范。我们中国人常常喜欢问对方"贵庚",就是以年龄作为建立双方互动标准的依据。年轻人对年纪大的人在互动时所用的语言和表态,就不会跟和另一个年轻人互动时完全一样。这种以年龄来区别社会规范的制度,通常是称之为年龄级别(age grading)。

老年人成为社会上受欺压的对象和弱势团体的历史并不长;主要原因之一是近半个世纪来,世界上各工业化国家或发展中国家的老年人口数量和比率正在急速增加。以美国为例,根据人口学家的资料,1900年只有4%的人口超过65岁,1960年达9.3%,2000年增至13.0%;据推测,到2050年,每5个美国人中就有一位65岁以上的老年人。

老年人人口数增加的主要原因是人的寿命的延长,即所谓预期寿命(life expectancy,或译生命余年)的延长。以往老年人人数不多是因为人存活的年代不长,能活到年老的为数不多。在今天工业化的国家里,能活到70岁已不再是少数的奇迹,而是众数。以台湾地区为例,1951年,男性平均预期寿命53.1,女性57.3;到1976年已分别增加到68.7及73.6;1997年达71.9及77.8;2004年更达73.6及79.4。这是很明显的老年人口增加及人口老龄化的现象。

老年人除了人口增加外,其在总人口数中的比率增加得比其他年龄组要多,这不仅只是老年人人数的增加,还因生育率的下降,使得老年人在比率上增长得更快;台湾地区的毛出生率,1951年是49.9‰,1976年25.9‰,到1997年已降到15.1‰,2004年更降到一位数,9.6‰。新生婴儿出生率的降低,加上人口预期寿命的延长,使得老年人口在总人口中的比率显得更高。

一门新兴的研究老年的科学应运而生。老年学(gerontology)是用生物学、心理学、社会学、经济学、政治学、医学及社会福利等学科的观点,专门研究老年人的生理、心理及社会生活方面的行为科学。从社会科学的角度来研究,称为社会老年学(social gerontology);若只从社会学的角度来探讨则称之为老年社会学(sociology of aging)。老年人的定义因国家或社会而有别,在学术上一般将65岁作为其定义,老年人是指65岁以上的老人。联合国的人口统计则往往定在60岁。通常,越发达的社会,老年人口比例越高。目前,不仅老年人人口激增,老老人增加得更快。如今真不能把65岁的老人与85岁的老人相提并论。于是,学者把老人分成三组分别研究:65—74岁称为年轻老人(the young old),75—84岁称为中龄老人(the middle old),85岁以上者为老老人(the old old)。

前面讨论少数团体时曾提到"刻板印象"的概念,指出社会对少数团体成员提供不实的形象,并给予错误的定位。对老年人也是如此,把老年人看成是固执、啰唆、迟钝、沮丧、孤寂、悲苦、重听、体弱、多病，甚至等死等。社会对老年人和年轻人的行为规范及角色期望有双重标准（double standard）。具有事业心的年轻人会被社会推崇、鼓励；而同样的老年人则被讥讽为不识时务、倚老卖老。老年人的悠闲被视为退休的正常模式，年轻人如是则是好吃懒做、不上进的坏形象。

社会学对老年人社会生活的解释，大致上可以分为六种，各有其独特的观点角度。

（1）**角色论**（role theory） 此研究的重点是在探讨老年人如何适应新角色的问题。基本上，角色论发现社会角色的转换牵涉抛弃以往所扮演的角色，而以老年人的新角色代之；通常是由工具性角色转变到情感性角色。老年人如果能对新角色作适当的预习调整，应有助于其晚年的生活。

（2）**隔离论**（disengagement theory） 此研究认为老年人都有一种自动从社会的竞争里退出来的倾向；同时，多数人也认为老年人应该退出。隔离论认为老年人退出以往的竞争环境，不仅对当事人有好处，对整个社会的稳定和均衡更有贡献。

（3）**活跃论**（activity theory） 这是一个反对隔离论的理论，它认为老年人虽然面临生理、心理、健康状况的改变，他们对社会的需求，基本上并无太大的改变。老年人抛弃旧有的工具性角色并不代表全盘性的隔离或撤退，只不过是转变所要扮演的新角色，他们仍然是活跃的。

（4）**社会环境论**（socio-environment theory） 这一理论的重点在于强调社会和环境因素对老年人的活动形态具有直接的关系。例如：在老人社区里的老年人比较活跃，因为其设施环境适宜老人，其成员间的特质又相近；相反，单门独户的老人最倾向于刻板印象中的负面特质。

（5）**亚文化论**（subculture theory） 老年人的行为与一般人不同，因此成为一种老年的亚文化（aged subculture），正如年轻人有其年轻亚文化一样。它只不过是与主流文化有些差别而已。

（6）**年龄阶层论**（age stratification theory） 这一理论认为社会常按照年龄把人们分类分等，不同年龄的人在社会上有不同的角色、权势及义务。这是把研究社会阶层的理论用在对这一特殊年龄层、老年人的研究上。

对老年人的偏见、歧视和差别待遇将老年人贬为受欺压的少数团体，已是不争的事实。因此，老年人、妇女和一些族群都是当今许多社会里的少数弱势团体。

## 延伸阅读

白秀雄编，1994，《高龄化社会》，台北："教育部"

王丽容，1995，《妇女与社会政策》，台北：巨流图书股份有限公司

陈文俊，1997，《台湾的族群政治》，香港：社会科学出版社

纪欣，2000，《女人与政治：90年代妇女参政运动》，台北：台湾女书出版社

Anderson, Margaret L.（2006）*Thinking About Women: Sociological Perspectives on Sex and Gender.* Boston: Pearson.

Faludi, Susan（1999）*Stiffed: The Betrayal of the American Man.* New York: William Morrow.

Kart, Cary S., and Jennifer M. Kinney（2001）*The Realities of Aging,* 6th ed. Boston: Allyn & Bacon.

Kramer, Laura（2005）*The Sociology of Gender.* Los Angelos: Roxbury.

Pircus, Fred L.（2004）*Understanding Diversity.* Boulder CO: Lynne Rienner.

Pollard, Kevin M., and William P. O'Hare（1999）*America's Racial and Ethnic Minority.* Population Bulletin, 54.

Quadagno, Jill（1999）*Aging and the Life Course.* New York: Mcgraw-Hill.

Schaefer, Richard T.（2000）*Racial and Ethnic Groups,* 8th ed. Englewood Cliffs, N J: Prentice-Hall.

The World Bank（1994）*Averting the Old Age Crisis.* New York: World Bank.

Williams, Christine L.（2002）*Sexuality and Gender.* Malden, MA: Blackwell.

## 练习题

1. 当一个团体在社会里遭受另一个团体的欺凌或压迫，而受到经济上或政治上的不公平待遇时，这个团体就是_____。

　　A. 少数团体　　　　B. 欺凌团体　　　　C. 众数团体　　　　D. 族群团体

2. 在社会资源分配上占优势，且有支配他人或其他团体的权势团体是_____。

　　A. 少数团体　　　　B. 欺凌团体　　　　C. 众数团体　　　　D. 族群团体

3. 从族群的角度来看，国民党执政时期的外省人是台湾的_____。

　　A. 少数团体　　　　B. 欺凌团体　　　　C. 众数团体　　　　D. 族群团体

4. 在台湾，我们也许可以笼统地说，闽南人、客家人、高山族原住民等都是主要的_____。

　　A. 族群　　　　　　B. 种族　　　　　　C. 区域团体　　　　D. 政党

5. 在美国，常把黑人看成是智商低、好吃懒做、不上进而又凶悍的人，也有把黑人看

做是玩体育、跳舞的人种；犹太人则被视为好利的奸商。这种心态是_____。

　　A.歧视偏见　　　　B.文化中心主义　　C.民族本位主义　　D.差别待遇

6.第二次世界大战期间，德国纳粹屠杀犹太人是_____。

　　A.种族灭绝　　　　B.驱逐　　　　　　B.隔离　　　　　　D.同化

7.在族群互动的过程中B和C放弃其原有的文化及行为模式而融入A文化里。这是_____。

　　A.种族灭绝　　　　B.驱逐　　　　　　C.隔离　　　　　　D.同化

8.容许各个族群的文化相互并存，彼此尊重，互不干扰的族群互动方式是_____。

　　A.多元论　　　　　B.驱逐　　　　　　C.隔离　　　　　　D.同化

9._____指各族群特质融合在一起而产生一种崭新的文化或生活方式。

　　A.多元论　　　　　B.驱逐　　　　　　C.融新　　　　　　D.同化

10._____是指社会对两性的行为期望，也是两性的行为规范和准则。

　　A.两性角色　　　　B.两性期望　　　　C.两性文化　　　　D.两性挑战

11.功能论认为男人在社会里扮演一种有意义的、有目的的实质工作，如在外的事业，赚钱养家，一家之主。这些是_____。

　　A.情感性角色　　　B.功能性角色　　　C.工具性角色　　　D.大丈夫角色

12.功能论认为女人在社会里扮演一种管理家务，教育下一代，辅助丈夫的_____。

　　A.情感性角色　　　B.功能性角色　　　C.工具性角色　　　D.大丈夫角色

13.妇女在外工作并未显著地减少她在家务上所花的时间；不仅要上班，还要做家务，照顾孩子，因此就业妇女在当今的工业社会里深感有_____的困境。

　　A.左右逢源　　　　B.角色超重　　　　C.职业难舍　　　　D.角色满足

14._____是运用生物学、心理学、社会学、经济学、政治学、医学及社会福利等学科的观点，专门研究老年人的生理、心理及社会生活方面的行为科学。

　　A.老年学　　　　　B.老年社会学　　　C.厚生学　　　　　D.资深公民学

15.在学术上，老年人是指_____以上的老人。

　　A.55岁　　　　　　B.60岁　　　　　　C.65岁　　　　　　D.70岁

16._____研究认为老年人都有一种自动从社会的竞争里退出来的倾向，同时，社会一般大众也认为老年人应该退出来。此论认为老年人的退出对当事人有好处，对整个社会的稳定和均衡更有贡献。

　　A.隔离论　　　　　B.角色论　　　　　C.活跃论　　　　　D.阶层论

17._____是一个反对隔离论的理论，认为老年人虽然面临生理、心理、健康状况的改变，但是他的身心对社会的需求，基本上并无太大的改变。老年人抛弃旧角色并不代表全盘性的隔离或撤退，而是转变要扮演新角色。

　　A.隔离论　　　　　B.角色论　　　　　C.活跃论　　　　　D.年龄阶层论

18._____认为社会常按照年龄把人们分类分等，不同年龄的人在社会上有不同的角色、权势及义务。

　　A.隔离论　　　　　B.角色论　　　　　C.活跃论　　　　　D.年龄阶层论

19. 所谓中龄老人是指年龄在_____。
　　A. 65—74 岁　　　　B. 75—84 岁　　　C. 85—94 岁　　　　D. 95 岁以上
20. 妇女和老人皆为少数团体是因为他们_____。
　　A. 人口少　　　　　　　　　　　　　B. 在社会上受压抑
　　C. 未接受过良好教育　　　　　　　　D. 不团结

第九章

# 家庭制度

## 9.1 家庭的功能与类型

家庭是一种相当普遍的社会制度。在有些社会里，家庭是最基本最重要的社会制度。这是因为大多数的家庭具备下列几项重要功能：

（1）**为未来的社会承续者提供保护**　一个社会如果要延续下去，必须有新生的一代来延续。家庭一方面是社会所唯一认可的生殖制度，另一方面也给予新生的幼婴生理上的保障。许多社会不允许非婚生子女，只有在合法家庭里出生的才会为社会所接受；同时，人类的初生婴儿又缺乏独立求生的能力，家庭的保护就成为必需的。

（2）**对新成员提供应有的社会化**　一个新生儿不仅得到来自父母生理上的维护而获得生存，而且也从父母及其他家人那里得到社会化的训练。语言、表情、符号的使用、行为的规范、价值观念等都会受到家人的影响。本书第四章曾经谈到家庭在社会化过程中的功能。所谓没有教养，就是没好好地受到家庭的社会化训练，不懂得社会行为的规范。也有人说，有其父必有其子，也是表示父亲在社会化过程中的角色。透过社会化，家庭让新成员真正被社会接受，成为其中的一分子。

（3）**建立亲密关系与稳定情感**　因为家庭成员间存在一份亲密的初级关系，彼此关怀，彼此疼爱和互助，因此，人们常会觉得家庭是避风港，在家里就轻松自在。尤其在次级关系充斥的当前社会里，家庭所给予其成员情感上的温暖与支持显得更为重要。

（4）**对社会男女性关系的节制**　没有社会规范的性关系会制造出没人照顾的后代，会影响社会的延续，甚至影响社会人口的品质。许多社会都有近亲不婚的性禁忌（incest taboo），就是为了避免不正常性关系可能带来不良的人口品质；性关系上的节制减少了法律与财产继承上的可能纠纷，以维护社会的均衡。

（5）**获取社会地位**　社会往往依据家庭的地位，给予新生婴儿同样的地位；一个医生家庭的孩子的社会地位就高于一个劳工阶级家庭的孩子，"这是某某人的小孩"就代表着社会地位的意义。人们的第一个社会地位取自家庭,其往后的生命际遇(life opportunity)也受家庭社会地位的影响。

（6）**其他功能**　在传统社会里,家庭还承担宗教、娱乐、教育、经济等其他功能。不过近年来,在急速的社会变迁之下,这些功能逐渐为专有的社会制度所取代。

既然有这些重要功能,家庭自然就成为许多社会里最基本和重要的社会制度。但是由于社会文化环境的不同,家庭的形态也就有所不同。很简单,依不同的方式,把家庭的形态介绍如下。

**（一）由婚姻方式区分**

由婚姻的方式来区别,家庭的婚姻可以分为四大类:一夫一妻制（monogamous marriage 或 monogamy）、多偶制（polygamy）,以及群婚制（group marriage）。多偶制尚包括两种类型,分别是一夫多妻制（polygyny）和一妻多夫制（polyandry）。

（1）一夫一妻制是指一男一女配偶的婚姻。目前,这是最普遍的婚姻类型。由男女人口比率来看,一男一女的配对最为合理;由心理角度来看,一夫一妻配对最容易培养感情,得到满足,保持亲密,维持稳定关系。

（2）一夫多妻制是一个丈夫有两个或两个以上的妻子婚姻。人类历史上,大多数的社会都采用此制;目前伊斯兰教国家仍采用此制;虽然美国法律不允许一夫多妻制,部分美国摩门教徒仍沿用此制;中国人的纳妾可以说是这种类型婚姻的旁支。

（3）一妻多夫制是指一个女人同时嫁给两个或两个以上的男人。这些男人往往是兄弟。在资源缺乏的社会,兄弟间同娶一个女子,以免分割家产或家庭。例如,在西藏部分地区曾采用此风俗。在印度,某些社区由于杀女婴的习俗,以至造成到适婚年龄时没有足够的女子婚配给所有的男子,只得采取一妻多夫的婚姻制度。

（4）群婚制则是在同一团体里,一个人不属于任何异性,而是以整个异性团体为对象。60年代美国嬉皮的一些公社里,就曾有过这种婚姻方式所组成的家庭。

**（二）由家庭权力分配区分**

由家庭权力的分配来区分,可以分为父权家庭（patriarchal family）、母权家庭（matriarchal family）及均权家庭（companionship）:

（1）父权家庭的主权操控在父亲或家中男性长辈手中。中国传统家庭属于此类。

（2）母权家庭则由母亲或女性长辈来掌权。中国西南地区有些少数民族是由女性掌权。

（3）均权家庭则是由夫妇双方共同处理家庭事务。当代的年轻人家庭皆以此为目标。

传统中国家庭的权力在男人手中，因此是父权家庭；但是近年来年轻的一辈已有逐渐走向均权家庭的趋势，虽然丈夫的权力仍然比妻子大些。

### （三）由家庭香火承续者区分

由家庭香火承续者来区分，有父系家庭（patrilineal family）、母系家庭（matrilineal family）及双系家庭（bilateral family）：

（1）父系家庭的血统香火是承续男方的，妻子用丈夫的姓，子女亦从父姓。

（2）母系家庭的血统香火是承续女方的，丈夫用妻姓，子女从母姓。

（3）双系家庭则子女承续父母双方的血缘及姓氏。

除上述香火的承继外，也包括遗产的继承权及建立感情的归依。

### （四）由家庭人口组合区分

由家庭的人口组合来看，则有扩大家庭（extended family）与核心家庭（nuclear family）之分：

（1）扩大家庭通常是指家庭成员人口包括三代或三代以上，如祖父母、父母、子女，有时候又加上近亲同住。传统中国的上流社会总是以能五代同堂为荣，是扩大家庭的价值观念。除了上述三代的大家庭外，一个除了夫妻子女外还包括夫妻中一人或双方的亲属组成的家庭也属于扩大家庭。

（2）核心家庭则只包括夫妻两人及其未成年子女。现代工业社会都较倾向于核心家庭。单亲家庭也属于此类型。

### （五）由家庭功能区分

由家庭的功能来区分，家庭可包括两种：

（1）**生长家庭**（family of orientation） 指人们出生、成长、接受社会化的家庭。例如为人子女的家庭。

（2）**生育家庭**（family of procreation） 指结婚后所建立的小家庭，即因婚姻关系所建立的家庭。

人们在未成年、未成家前、单身时的生活重心是生长家庭；结婚成家后，自以生育家庭为重。

除了上述几种比较常见的家庭制度之外，近年来在社会变迁的冲击下，产生了新类型的家庭，例如：

（1）**再续家庭**（stepfamily） 也称混合家庭（blended family）。这是由再婚者、

配偶一方或双方并非首次婚姻者所组成的家庭，再婚的一方或双方已有子女，或婚后再有孩子；所谓"你的、我的、我们的"。家中成员有继父、继母、继子、继女。由于离婚的普遍，这种混合家庭或再续家庭数正逐渐增加。

（2）**同居**（cohabitation） 指一对无婚姻关系的男女居住在一起组成的，有些是准备日后成婚，是为试婚；有些则毫无结婚的意图。目前，同居在各个年龄层都是非常普遍的现象。

（3）**同性恋者家庭**（homosexual union） 由两个同性恋者所组成的家庭。1989年夏天，美国纽约州上诉法庭判例：同性恋者同居十年以上者即可认为是一个家庭。2000年4月，佛蒙特州（Vermont）州议会通过建立与婚姻同等待遇的同性恋者的结合身份（civil union status，民事结合身份）。

（4）**单亲家庭**（single-parent family） 由未婚或离婚的单亲及其未成年子女所组成的家庭。由于未婚生子及离婚率的增加，单亲家庭的数量日渐增多，以美国为例，女性单亲家庭最为普遍。

（5）**公社**（communes） 一群无法律契约或无血缘关系者同居一处所组成的家庭。他们彼此分工担负家庭各方面的责任。

（6）**单身家庭**（singlehood） 由未婚单身者所组成的家庭。以往未婚单身不为社会所接受，但是近年未婚者日多，虽然没有婚姻伴侣，但几个单身者一同居住仍算是一种家庭，尤其是兄弟姊妹所组成的；有时这只被称为"household"。

（7）**通勤家庭**（commuter family） 指一群因工作需要而使夫妻分居两地的家庭。

（8）**双职家庭**（dual career family） 指夫妻双方都具事业任务的家庭。也有所谓的dual worker family，是指夫妻都在外工作，不一定是专业人员。

（9）**丁克家庭**（DINK family） 即尚无儿女的双职家庭。DINK是Dual Income No Kid的缩写。

## 9.2 婚姻关系

虽然家庭与婚姻总是被连在一起讨论，但是这两个概念事实上还是有差别的。婚姻是两个人的事，家庭通常由两个人以上组成；婚姻需要公众仪式的承认，家庭则无须任何公众仪式；婚姻双方年龄通常较接近，家庭成员年龄差别可能很大，成员关系上下可能差一两代；性关系是婚姻的要件之一，家庭成员间，除了配偶外，则不可有性关系；当配偶一方去世后，婚姻关系即终止，家庭成员的去世，并不意味着家庭的解组；结婚要证书，家庭则无此规定；婚姻可经由法律程序解除，家庭则不可能；夫妻关系是婚姻的焦点，家庭关系则涉及子女或其他家庭成员。

婚姻的观念虽然近几年来有所改变，未婚单身人数日多，但是基本上这批未婚单身者仍希望终有一天能结婚成家。社会上对已婚者的评价也一直高于未婚单身者。一个上了年纪却仍未结婚的人往往会被认为是一个"越轨者"。婚姻所牵涉的第一个问题是如何选择配偶。有些社会实行安排式婚姻（arranged marriage），由父母或其他长辈挑选安排结婚对象，子女没有参与意见的余地。像传统中国的凭父母之命、媒妁之言的婚姻就是这种方式的婚姻。对象挑选的条件总是在于家世背景、对象的性格，或者未来媳妇传宗接代的能力等。中国人所谓的"门当户对"，就指相同声望地位的家世背景。

有些社会鼓励内婚制（endogamy），即婚姻对象来自自己团体内的分子，例如：客家人找客家人结婚；以往美国南方某些州有律法限制黑白种人的婚姻。有些社会实行外婚制（exogamy），如近亲禁婚就是这种习俗。找门当户对或背景类似的就是同质婚（homogamy），找背景不同或性格不同的人结婚就是异质婚（heterogamy）。强调同质婚者，认为配偶双方背景相同，观念思想做法较一致，容易相处，婚姻会较融洽，较稳定。赞成异质婚者则认为不同的背景特质，可以使婚姻双方互补其所不足，例如：一个内向的人与一个外向的人结婚，彼此可以弥补缺陷，使婚姻关系较圆满。然而，大多数社会仍然鼓励同质婚姻。

在现代社会里，大多数婚姻都已不再是安排式婚姻，年轻人多多少少有选择配偶的自由。虽然如此，社会仍然设有一些规范引导年轻人的配偶挑选，以间接的方式促使婚姻的美满幸福、社会的稳定平安。在内婚制、外婚制、同质婚、异质婚等社会原则下，人们挑选配偶的机会就被限制了。虽说婚姻对象是异性，然而，并不是社会里的每一个异性都是人们能够挑选的对象。一般来说，社会在督导其成员选择婚姻对象时会提供下面几项应考虑的条件：

（1）**年龄**　人们在挑选对象时不会找年龄相差太多的，不论是约会或结婚的对象，都会与自己年龄相近的人，大约是差两三岁；通常男的年龄要比女的年长些。年龄相差太大的双方，在思想、做法、行动上都会有隔阂，差多了会有代沟。所以，绝大多数的婚姻配偶是男方大女方两三岁。当然，配偶间年龄相差大点的也有，但是为数不多。女方年龄大于男方的情况已慢慢被接受了，但为数仍极少；

尤其女方年龄大很多的，更是少数。这也就是为什么年龄大的女人，越来越找不到对象的原因之一。再加上，性别死亡率的差异，高年龄组的女性人口通常比男性人口多，因此，能选择的对象就少。

（2）**体态** 虽然人们常常说，体态不重要，事实上，体态是引起对方注意的第一步。就因为长得漂亮，人们会多看一眼、会想亲近，随后才会认得、有约会，才可能结婚。虽然美丑是个人的看法，但整体上，社会仍有一套标准，因为这是社会价值观念的一部分。

（3）**种族** 婚姻配偶绝大多数来自同一种族，实因文化背景相同的婚姻配偶，能得到家庭在各方面的支持。台湾地区客家人与客家人成婚，闽南人娶闽南人；即使号称民族大熔炉的美国社会，黑白族裔及白人与东方人等的通婚仍然不多。所以在挑选伴侣时，种族因素的考虑也是常有的。

（4）**宗教信仰** 在中国人社会里，由于传统民俗宗教或民间信仰包容广大，宗教信仰的考虑不那么突出，但在西方国家和伊斯兰教国家里，教徒与非教徒的结合常受到教会及家庭的反对及干扰。他们相信宗教信仰的不同会影响婚姻的幸福。

（5）**社会阶级** 由于来自同一阶级，在生活习惯上比较相近，所以属于同一阶级的人组成伴侣配偶比较适当。而且同一阶级的人活动范围相近，所以碰头接触的机会大，彼此结交成朋友、变成配偶挑选对象的也就大些。

（6）**婚姻前科** 通常未婚单身者会找未婚单身者结婚，离过婚的会找离过婚的，丧偶者的再婚对象也较可能是丧偶者。这是因为生活经验不同，难以跨越挑选。不过近年来，结婚一方已有婚姻前科经验的比例有明显增加。

（7）**地理限制** 结婚的对象通常是能碰面能接触到的人，所以，在地域上不会相去太远。台南市人找台南市人当配偶的情形会比台南市人找台北市人来得多；虽然今日交通发达，流动频繁，但是嫁到远地的例子还是没有嫁给本地的人多。

伴侣的挑选，并不是单纯的两个人的自由心愿，而是许多社会文化因素在运作。中国讲配八字，虽然是文化上的一种迷信，但是事实上也可以说是在寻求同质婚姻。而且父母也可借八字不合来排斥不顺意的婚姻可能对象。传统的中国安排式婚姻中，并不考虑当事人的感情，甚至还认为爱情是危险的。所以父母安排子女对象时，并不重视子女是否喜欢对方，只要门当户对，八字配得好就行了。因为婚姻是为了延续家族的香火，所以生儿育女就成为重要的选择指导原则。

事实上，大多数社会也都不太鼓励以爱情为择偶的要件，双方的家庭背景才是最重要的因素。不过，近年来由于受到美国文化的影响，很多年轻人都对爱情存有幻想，相信没有爱情的婚姻不应该建立，婚姻里若无爱情就应该离婚。不过有一点必须澄清的是：有爱情的婚姻并不等于稳定的婚姻。有不少夫妇白头偕老结婚数十年，并非爱情，而是有其他的因素把他们联系在一起。即使是因爱情而成婚的，恋爱的高潮在婚后也会逐渐褪色，而为其他因素所代替；这些因素包括双方家庭背景、小孩的养育、经济上的顾虑等。

幸福的婚姻，男女双方不仅要有爱情，更要彼此忍让。中国人讲夫妻"恩爱"就是要有爱，也要有恩；这样的婚姻才会美满，也才能持久。有时候当外头的吸引力太大时，即使是有爱情的婚姻仍然会遭受破坏。"恩"字代表关怀、体谅、感激、对等付出等种种层次；有恩有爱才是婚姻美满持久的一个重要方面。

传统婚姻里，婚后权力的分配是男方主权；但是近年来则已趋向均权。社会学家对家庭夫妻权力分配的解释主要有以下两种：

（1）**资源论**（resource theory） 这个理论认为夫妻关系事实上是一种资源交换关系。传统社会，男方权力较大常因男方较有资产、有社会地位、具有较高的受教育程度，因此他可以交换的资源就多于女方。而女方因拥有较少的交换资源而为男方所控制。最近夫妻关系中，女权的伸张是由于女性参与劳动、从事职业，她们所拥有的资源增加，于是提高了女性在家庭里交换关系的地位。

（2）**"最低兴趣原则"**（principle of least interest） 这种理论指出在婚姻关系中，如果一方全心投入，十分在意婚姻的成败的话，那么他（她）就会被另一方所摆布。也就是说在家里掌权的人是对婚姻成败较不关心、较不在意的一方。女人一直以家为重，因此较关心家庭，较在意婚姻关系，于是造成并给予男人左右摆布的机会。

传统家庭的分工是男主外，女主内；但是无论在美国还是台湾地区，双职家庭（dual-career famialy）已逐渐增多：很多妇女投入职业市场，即使婚后有了孩子仍继续就业，这种情况日益普遍。双薪家庭由于夫妻双方都有收入，家庭的经济情况自然会有改善，但是，由于妻子在外工作就业，家务事的分配往往就成为夫妇冲突的最大原因。研究资料发现大多数已婚职业妇女，仍然负责大部分的家事，所以，已婚职业妇女的总工作量比无职业的家庭主妇多，也比丈夫的总工作量多。尤其有了小孩以后，更是如此。

## 9.3 离婚与再婚

在现代工业社会里，离婚现象变得十分普遍，离婚率的增高是很明显的事实。离婚的主要原因包括：

（1）**妇女经济独立**　经济能力的提高造成妇女依赖程度的降低。如果婚姻不幸福，妇女有独立自主的能力，离婚不再是完全负面的。

（2）**家庭子女数少**　子女常是离婚时的顾虑，子女少比较容易做离婚的决定。核心家庭不包括和上一辈的父母同住，一旦婚姻发生问题，没有父母、亲友的劝和，也较易做出离婚的决定。

（3）**社会制裁的减轻**　以往，离婚会被看成是一种耻辱，尤其是对女性。现在，这种道德上的制裁已经减少，离婚的妇女可以重新做人，而且再婚的机会也增加了。

（4）**夫妇角色的不清**　以往，男主外、女方内的角色分配得很清楚。现在，很多男人都埋怨不知道怎么做才算是好丈夫，又要在外赚钱，回家还要"帮"太太做家事。女人也埋怨，像做两份全职工作；这么忙，丈夫却不帮忙；夫妇间冲突自然就增加。

（5）**过分强调爱情**　今天的婚姻里把罗曼蒂克式的爱情，放在第一位，为爱而结婚，为爱而生活。一旦爱情褪色，那么婚姻就不值得保留了，于是，只得转向他处寻求爱情。

（6）**同辈影响**　离婚人数日多，人们会受离婚朋友的影响，在婚姻不顺利时便走向离婚之路。再加上统计资料显示，单身妇女比结婚妇女较满意现状，于是，恢复单身生活就成为一种诱惑。

（7）**婚外情**　由于妇女参与职业市场，在工作上与异性接触的机会增加，而使婚外情的事件发生的可能性增加；婚外情往往是婚姻发生问题的征兆，也是造成离婚的原因之一。

离婚对个人和子女都有负面的影响。心理学家在对影响人们一生的冲击事件的研究中，总是发现离婚是造成人们心理紧张状况的主要事件之一。就子女而言，离婚能造成子女对父母的敌对态度及负面的人格发展；同时，这些子女将来成婚后的离婚倾向也比较明显。

有些学者认为离婚并非全无功能。他们指出：离婚能让有问题的婚姻做一个了断，给双方另觅婚姻机会；尤其是女人可获得自由，避免受虐待。同时，离婚制度肯定了男女相对的地位，减少了双重性别标准的社会压抑。

离婚人数虽不断增加，他们对婚姻制度仍具有信心，于是再婚的人数也随之增加。根据一份美国的调查，大多数第一次离婚者都会再婚。不过，再婚者的离婚机会在统计上比第一次离婚者高。学者认为主要原因如下：

（1）再婚者婚前的追求期间较短。离婚以后，男女双方的追求期间较短，不像第一次结婚时肯花时间试图了解对方；有时是因不再习惯单身生活而急于再找个对象，于是只稍认识追求就再婚了。

（2）再婚者是为了某种实利的因素而再婚，他们知道第二次婚姻的对象应该是什么样的人。于是，一旦发现婚姻不对，不愿拖，当机立断，结束婚姻关系。

（3）再婚者因为已经有离婚经验，对再次离婚的心理上的恐惧不像第一次那般严重。

（4）再婚者往往各自有子女，把双方子女放在一起教养，并不是一件容易的事，而且子女在经济上也是一个相当重的负担。

由于以上原因，再婚者的离婚率偏高。在台湾社会里，由于男女的双重标准，男性离婚后再婚的机会比女性要高得多。因此，单身职业妇女（包括未婚女性、离婚女性）的人数越来越多。

## 延伸阅读

蓝采风，1996，《婚姻与家庭》，台北：幼狮文化事业股份有限公司
蔡文辉，1998，《婚姻与家庭》，台北：五南图书出版股份有限公司
徐光国，2003，《婚姻与家庭》，台北：扬智文化事业股份有限公司

Coltrane, Scott, and Randall Collins（2001）*Sociology of Marriage and the Family.* Belmont, CA: Wadsworth.

Lin, Phylis Lan, and Wen-hui Tsai, eds.（1995）*Marriage and the Family: A Global Perspective.* Indianapolis: University of Indianapolis Press.

Newman, David M.（2002）*Sociology of Families.* Thousand Oaks, CA: Pine Forge.

Stacy, Judith（1996）*In the Name of the Family.* Boston: Beacon Press.

Thorne, Barrie（1992）*Rethinking the Family: Some Feminist Questions,* 2nd ed. Boston: Northeastern University Press.

## 练习题

1. 传统中国的上流社会总是以能五代同堂为荣,是_____的价值观念。
   A. 扩大家庭    B. 核心家庭    C. 直干家庭    D. 直系家庭
2. Monogamy 是指_____。
   A. 一夫一妻制的婚姻    B. 一夫多妻制的婚姻
   C. 一妻多夫制的婚姻    D. 群婚
3. Polygyny 是指_____。
   A. 一夫一妻制的婚姻    B. 一夫多妻制的婚姻
   C. 一妻多夫制的婚姻    D. 群婚
4. Polyandry 是指_____。
   A. 一夫一妻制的婚姻    B. 一夫多妻制的婚姻
   C. 一妻多夫制的婚姻    D. 群婚
5. Matriarchy 是指_____。
   A. 父权家庭    B. 母权家庭    C. 均权家庭    D. 母系家庭
6. Matrilineal 是指_____。
   A. 父权家庭    B. 母权家庭    C. 均权家庭    D. 母系家庭
7. Neolocalfamily 是指_____。
   A. 婚后与男方父母同住    B. 婚后与女方父母同住
   C. 婚后自立门户    D. 婚后夫妻不同住
8. _____是指结婚后所建立的小家庭。即因婚姻关系所建立的家庭。
   A. 生产家庭    B. 生育家庭    C. 姻亲家庭    D. 法定家庭
9. _____即双职家庭且无子女的家庭。
   A. 丁克家庭    B. 嬉皮家庭    C. 单亲家庭    D. 空巢家庭
10. 在自己所在团体内找对象,例如客家人找客家人结婚,以往美国南方某些州有法律限制黑白种人的婚姻是_____。
    A. 近亲婚姻    B. 内婚制    C. 外婚制    D. 近亲婚
11. 找门当户对或背景类似的就是_____。
    A. 同质婚    B. 异质婚    C. 内婚制    D. 外婚制
12. 哪类理论认为夫妻关系事实上是一种资源交换关系。传统社会,男方权力较大往往是因为男方较有资产,有社会地位、受过较高的教育;因此,他可以运用来交换的资源就多于女方。而女方因拥有较少的交换资源而为男方所控制?
    A. 冲突论    B. 资源论    C. 异质论    D. 两性角色论
13. 哪类理论指出在婚姻关系中,如果一方全心投入,十分在意婚姻成败的话,那么他(她)就会被另外一方摆布?
    A. 冲突论    B. 资源论    C. 最低兴趣论    D. 两性角色论

14. 再婚者的离婚机会在统计上比第一次离婚者_____。
    A. 高          B. 低          C. 一样          D. 不知道
15. 再婚者婚前的追求时间比初婚者追求时间_____。
    A. 较长        B. 较短        C. 一样          D. 不知道
16. 统计资料显示，单身女性比结婚女性_____。
    A. 较满意现状  B. 较不满意现状  C. 一样        D. 不知道
17. 当代离婚率增高的因素在于_____。
    A. 社会制裁的减轻           B. 夫妇角色的不清
    C. 过分强调爱情             D. 以上三项都是
18. 研究资料显示大多数已婚职业妇女，仍然负责大部分的家事；所以，已婚职业妇女的总工作量比无职业的家庭主妇多，也比丈夫的总工作量_____。
    A. 多          B. 少          C. 一样          D. 不知道

第十章

# 宗教制度

## 10.1 宗教的社会意义

人类社会的历史发展过程中，从原始的初民社会一直到今天复杂的工业科学社会都可以发现宗教的存在。有些宗教具有严密的组织，有些宗教则强调个人心灵的祈求。无论其外在形式如何，人们面对生老病死、未知的前途，以及宇宙的奥妙都会在心里祷告、祈求、许愿，或具体地参与庙会和教堂的活动。从社会学的观点来看，这些都是宗教信仰与活动。人类学家相信宗教存在于每一个社会里。

最早对宗教进行系统研究的社会学家应该是法国的涂尔干。虽然早期法国的孔德和英国的斯宾塞亦曾涉及对宗教的讨论，但是他们并未系统地加以整理和分析。涂尔干的《宗教生活的基本形式》(*The Elementary Forms of the Religious Life*)一书才是真正地在探讨宗教与社会的密切关系，涂尔干的观点影响了日后社会学家对宗教研究的观点与方向。

涂尔干给宗教下的定义，是把宗教看做一套与神圣事物有关的信仰与行动，这种信仰与行动把社会里的人联合起来而形成一个道德上的社区。因此，涂尔干这个定义包含三个成分：

（1）**文化的成分** 宗教必须包含一套信仰与仪式（或行动），信仰是思想意见和态度的内在表现，而仪式则是外在的行动作为。信仰与仪式必须与社会文化里的价值和规范一致。

（2）**社会组织的成分** 教会并不是指庙宇教堂的建筑物，也不是指一同举行信仰仪式崇拜的一群人，而是指具有共同宗教信仰与仪式的一群人所组成的团体社区。涂尔干认为宗教在社会里建立了一个道德社区，并具有其教会组织。他指出从古至今，世界上没有一个教会是没有信徒的。由于共同的宗教信仰与仪式，人们可以把自己与他人相区分。

（3）**神圣的成分** 神圣（sacred）是指不平常、稀有、人们畏惧的信仰或事物，而世俗（profane）则是日常经历的事与物。在基督教里，十字架是神圣的；在中国民间信仰里，先人的神主牌位是神圣的；因为这些都让人们敬畏。日常一般衣、食、住、行的事物等都是世俗的，没有敬畏的必要。神圣的事物并不是因为该事物的客体（object）有什么不平凡的能力，而是人们心中相信其不平凡的存在。因此，神圣与否完全在于人心。

当代社会学界对涂尔干的宗教定义已有所修订，但是这些学者至少认同下面几项是宗教的必要成分：

（1）**神圣之物**　例如神祇、神灵、圣人或神器等代表宗教的神圣层次。

（2）**一群信徒**　相信宗教是个人的经验，也是团体的伦理，因为信徒们能共享目标、规范及信仰。

（3）**一套典礼仪式**　这一套典礼仪式把人与神串联起来，互相沟通。例如跪拜、烧香、求签、祈祷、唱圣歌等。

（4）**一套信仰**　例如神典、《圣经》、《古兰经》、佛经，用以诠释神的旨意。

（5）**一种组织**　用来团结信徒、执行宗教仪式、传授经典，以及吸收新教徒。例如教会团体。

上述宗教成分是针对西方社会的宗教，如以这五个要件来观察中国人的宗教，可以发现我国儒家和民间信仰多多少少也具有这些特质。虽然儒家在组织层次上不甚明显，然而，事实上传统中国政治的庞大官僚体系可以说是儒家的间接组织。民间信仰倒是没有组织的架构，不过庙与庙之间往往亦有结社的实质关系在内。

总而言之，社会学对宗教的定义着重在宗教与社会之间的关系。什么是神圣，什么是凡俗，定之于人心；而人心的意向往往受社会的影响。于是，宗教的道德意义和社会价值观念、行为规范常是互相配合一致的。

## 10.2　宗教的社会功能

从涂尔干开始，社会学家就一直认为宗教与社会价值规范息息相关。功能学派的学者特别强调宗教对个人和社会的功能。涂尔干和其他学派的学者相信，宗教对社会的一个重要贡献或功能是维护并加强社会团结与整合。涂尔干指出在初民社会里，神、社会、祭祀三者是不可分割的；人们经由对神的敬畏而遵守社会规范，宗教的仪式是用来加强人们对社会规范的服从。因此，宗教是社会体系整合的主要力量。

宗教的第二个功能是建立一个信徒社区。信奉同一神祇的人是兄弟，是一家人，不信奉的则是外人。因而产生一种集体内团体的认同。这个功能也可以用来推动社会的团结。这种内外之分在一神论宗教里最为明显。

宗教的第三个功能是社会控制。由于宗教与社会价值规范息息相关,宗教的信仰与仪式一方面用来提高人们的向心力与认同感,同时用来处罚那些违反社会规范的越轨者。所以,宗教是很有效的社会控制工具。例如天主教反对离婚、反对避孕等,使得天主教徒的家庭组成与其他教派家庭稍有不同,离婚率较低,子女人数较多。

宗教的第四个功能是对未知的诠释。人们在世上常面临许多疑问及困扰,尤其是对未知世界的迷思;宗教的教义对未知的世界和宇宙都多少有某种方式的解释,给人们一种安全感;在宗教教义里,超自然的奥妙至少得到部分的解答。

宗教的第五个功能是减轻人们在这个世上的苦难。每个人一生中总会面临挫折、伤痛、贫穷等问题,宗教的信仰让人们能把这些痛苦加以理性的解释。因此,从永生的观点来看,生老病死并不可怕,来生必定是好的。

宗教的第六个功能是人们在成长过程中对各个阶段的改变加以承认与肯定。出生(做满月、周岁时的祭祖先或受洗礼)、由小孩而青年(有的中国人做十六岁的祭祀)、结婚(祭祖或牧师的证婚)、死亡(念经超度或祭文诵读)等,用以标明人们一生成长过程的转变。

宗教的第七个功能是推动社会变迁。有许多宗教对现实生活不满,批评人生、批评社会;甚或反抗现有的政治既得利益团体,进而推动改革促使社会变迁。中古欧洲的宗教战争、中国历史上道教的秘密结社所引起的农民起义都是例子。

除此之外,宗教亦对社会的教育制度、婚姻制度、心理状况等具有潜在的功能。

功能论者同时指出,宗教也可能有反功能,是对社会有负面的影响。这些反功能包括:

(1)由于宗教的信徒社区把信教的教徒和非教徒很明显地分开,可能造成二者的对立,进而促成社会的冲突。

(2)宗教的保守意识形态,往往支持现有的价值规范,而成为社会改革的阻力。

(3)宗教的出世观可能造成人们不求上进,只等来世或救世主的出现。

(4)宗教教义的解释可能妨碍了新的科学知识的寻求与发展。

马克思主义者和当代的冲突论者比较强调宗教的负面影响,认为宗教是权势团体的工具,用以压抑和欺凌弱势团体。马克思认为宗教是人民的精神鸦片,麻醉人民求改革、求上进的企图心;教会是政治的附庸品,协助在上位者控制下层社会的成员。当代冲突论者也指出,目前世界上的许多冲突皆因宗教而起。

## 10.3 宗教的类型

宗教的种类相当多，为了方便研究起见，学者们按宗教的组织、信仰等加以分类。人类学家把一些原始或初民社会的信仰称为万灵论（animism），是因为这些社会相信所有自然界的一切各有其灵魂；动物、石头、树、海、风、雨等都是有灵的。有些初民社会相信巫师具有超自然的能力来保护个人的生命和团体的生存，并能驱除邪恶，治疗百病，即所谓的巫术（shamanism）。有些初民社会相信神祇及其族民祖先都来自自然界，因而他们崇拜动物或植物，此即所常称的图腾主义（totemism）。

宗教有时也可以用神明的多寡来分类。多神论（polytheism）即指崇拜两个或两个以上的神。中国人的民间信仰是多神论的一种，有管土地的土地公和城隍爷，管医疗的保生大帝，管生育的送子娘娘等；至于中国的民间信仰到底有多少神，至今无法精确算出。有些社会信奉一神论（monotheism），相信只有一个神，基督教、天主教、犹太教皆是一神论。

另一种宗教的分类法是以宗教的组织结构来分类，大致上可以分为五种形态：

（1）**普及教会**（universal church） 这是一种所有社会成员都为其信徒的教会，例如：泰国的佛教可以算是普及教会，泰国人几乎人人信佛；佛教与泰国的政治、经济、文化密不可分。信徒自生至死，皆属于该教会。

（2）**上层教会**（ecclesia，又称国教） 这是一种以社会上层阶级的价值体系为主的宗教组织，虽然其成员可能分布于全社会各个角落，基本上仍然只代表并维护上层阶级的统治利益。沙俄时代的俄罗斯东正教就是一例。

（3）**教派**（denomination） 教派里的信徒通常是由招募自同一种族、地域或阶级成员而组成的，它与政治没有太大的直接关系，非常积极地参与世俗活动。教派之间常能互相合作，但也会彼此竞争。美国的长老会、路德会、美以美教会等皆是。

（4）**宗派**（sect，也称小教派） 宗派是指一小群信奉非主流或异常信仰教义者所组成，宗派常强调个人与神的直接沟通。在美国的摩门教会、统一教会（Unification Church）即是。

（5）**异教**（the cult） 异教是指一小群相信新的、违反主流派信仰的人所组成的教会，非常崇拜一个有号召力的领袖，强调个人情绪的完全参与。因为它们的新教义为世俗所不允许，所以，人数不会太多，同时也保持相当高程度的神秘性。

比较世俗的分类法，则把世界上的宗教划分为基督教（Christianity）、伊斯兰教（Muslims）、印度教（Hinduism）、犹太教（Judaism）、佛教（Buddhism）等：

（1）**犹太教**　犹太教是西方社会最古老的宗教，20世纪末期仍有1400多万信徒。犹太教不但被视为一个宗教团体，同时也被视为一个族群社区。西方学者认为犹太教是最早的一神论宗教，相信上帝是唯一的真神。犹太人相信他们是上帝的真正选民，把上帝的福音传递到各地；他们的行为规范必须符合上帝的旨意，犹太人要以身作则。于是，犹太人发展出一系列的法律来节制民事与刑事的公平、家庭关系、个人行为与伦理道德，以及宗教崇拜仪式等。

（2）**基督教**　严格来分，基督教包括基督新教（Protestant）、罗马天主教（Roman Catholic），以及东正教（Eastern Orthodox）等三个分支，目前估计有20多亿教徒分布于世界各地，主要是在欧洲及南北美洲国家。基督教是由犹太教演变出来的，相信耶稣是犹太人的救世主，《圣经》则是以希伯来教义记录下来的神的话语。耶稣以后，基督教传播到罗马及其所统治的各个角落。当罗马帝国在1054年一分为二时，基督教亦分裂成罗马天主教与东正教两个派系，基督新教的出现则是在16世纪宗教革命以后。当前大约有53%的基督徒是罗马天主教徒，大约18%是基督新教徒，其余的则为东正教徒及其他。基督教信奉耶稣基督，并以《新约圣经》为主要经典，而以《旧约圣经》为辅。

（3）**伊斯兰教**　伊斯兰教亦称回教，当前大约有12.5亿信徒，分布在亚洲，特别是中东地区及非洲等地。伊斯兰教徒崇拜穆罕默德为先知，信奉《古兰经》（Koran）。一个完全服从安拉（Allah）的人就叫做穆斯林（Muslim）。伊斯兰教的《古兰经》包括伦理规范、文化准则、法律经典，以及生活的其他活动。它对社会关系有相当明确的规定，尤其在家庭、婚姻、离婚，以及财产继承方面。在伊斯兰教教义里，家庭以父权父系为中心，采一夫多妻制；而女人则是处于附庸地位，其财产继承权所分到的亦仅有男子的一半而已。伊斯兰教男性教徒允许娶非教徒女性为妻，但是女性教徒则不准嫁给非教徒。

（4）**印度教**　印度教大约有4000年的历史，与印度的社会伦理价值息息相关，并无庞大复杂的教会组织或官僚制度。目前大约有8.37亿信徒，主要分布在亚洲的印度、巴基斯坦、锡兰及其移民至欧洲、非洲及北美洲等地。它与印度社会的世袭阶级制度不可分割，印度教徒相信命运天生的说法；因此，人们所能做的只是在自己的岗位上尽力扮演该做的角色。女人附属于男人，因此要服侍男人。印度教是一种多神论的宗教。每一个地区皆有各种不同的神祇，保护社区并驱逐邪恶。印度教徒相信静坐沉思的修习，可以把个人与自然连结起来，并由此而消除不必要的杂念。人的最终目的在于从这个世界上解脱出来。

（5）**佛教**　大约始于公元前5世纪，释迦牟尼在印度北部成佛，传授佛法与世人。他将人生视为痛苦和折磨的经验，而这些痛苦和折磨则是由人们的欲念所引发的；但是信佛的人可以从苦海里解脱出来。所以，佛教徒应该修身与节欲，以减轻一生中生老病死的痛苦。所谓佛家六度：布施、持戒、忍辱、禅定、精进、智能。佛教的一个特点是能与其他地域性的宗教共存。它虽然有寺庙和和尚、尼姑，却不像基督教拥有一个庞大的官僚体系。佛教僧侣以修身养性为礼佛的手段，因此，他们往往得依赖信徒的布施来维生。佛教徒主要散布在东南亚国家，中国尤其是西藏地区，以及日本、韩国等地；目前佛教徒大约有3.7亿人。至于在我国境内的宗教，以道教、佛教以及民间信仰为主要代表。佛教大约在东汉初年传入中原。东晋南渡后，佛学开始影响我国学术界，影响士阶层思想。法显于义熙十年（公元1498年）自海道取经回国，成为我国第一位入天竺求经的僧侣。南北朝时，由于皇帝很多信佛，佛教乃成大器。但是魏太武帝时因沙门谋反之嫌，佛教遭禁达七年之久。此后又恢复旧观，士大夫和平民信佛者相当普遍，寺庙林立，遍及南北。佛教遂成为我国主要的宗教之一。

（6）**道教**　道教初创于东汉顺帝年间，张陵客居蜀土，造作符书为人治病降魔。因入道者须纳五斗米，故称为"五斗米道"。道教的思想最初来自汉初盛行的黄老思想，但因方士的依附而更增宗教色彩。汉桓帝时为老子立祠，宫中亦立黄老祠。张陵创立"五斗米道"时，亦采用许多道家与方士的策略，后传子衡，再传子鲁；盘踞汉中，深得下层社会的崇拜信仰。道教信仰目前乃以中下阶级者为多。

然而，中国人对宗教的信仰并不重视教派的归属性，而较采取实利的角度；民间所信奉的神祇来源有佛教、道教、儒家、历史英雄人物、地方慈善家等，是典型的多神论。这种学者们所称的民间宗教（folk religion）至少有以下主要特质：

（1）**教派界限不清**　也因此减少了宗教冲突与教派间信徒的仇恨。

（2）**神明功能的分化**　每一个神明都各有其指定的角色；神明是否灵验，则依其是否满足人们。

（3）**政教冲突不显著**　由于民间信仰并不具有庞大的组织结构足以对抗政府的权力，同时，政府可以选派政治人物或英雄人物为神祇，因此，政教相处融洽。

（4）**地方色彩浓厚**　没有一个全国性的民间信仰总机构，许多神明来自地方，以服务地方为首要任务。

（5）**直接的接触**　重视人与神之间的直接互动，不必经教士之手，因此，在组织上，对信徒的约束力不强。

除上述佛教、道教及民间信仰之外，天主教和基督教派在中国也有教徒，伊斯兰教徒则散布在西北及西南地区为多。近几年来，台湾虽然工商业进步，教育程度有所提高，但是人们的宗教参与度并未降低。

## 10.4 现代社会的宗教

韦伯在其理性化历史演变过程的理论里，认为人类在科学和工艺技术的冲击下会走向世俗理性的道路。因为许多宗教对人与自然的解释都与科学发现相左；所以，在急速的科学发展下，宗教对社会的影响力将大为减少。虽然如此，在高度工业化的社会里，由于生活紧张、人情淡薄及疏离感的产生，人们在得不到初级团体的感情支持下，反而变得转向超自然和宗教信仰以求解脱。因此，工业社会里的宗教并未完全消失，只是在形式上和性质上有了改变。这些改变包括：

（1）**宗教的世俗化** 在欧洲中古时代，曾经有过一段时期，基督教的教义及其神职人员主宰着欧洲各国的一切制度与所有人民。但是在工业化的社会里，宗教已与其他社会制度分化了，失去其旧有的控制力。宗教的世俗化即指宗教对人的影响力和控制力的降低。

（2）**异教的兴起** 当基督教在中古欧洲盛行时，所有非信奉耶稣基督为真神者皆被排拒，甚至处以极刑。宗教革命爆发后，天主教与基督新教之间的冲突，又造成了无数次的宗教战争，死伤无数。基督教的一神论教义严重限制了其他宗教的兴起。在工业化社会里，既多元化又复杂的社会结构里出现了一些不同信仰的异教徒，他们对上帝的解释与崇拜方式都与正统教派不同；除此之外，还有些倡导无神论者出现。当代社会对异教具有相当程度的容忍且与之和平共存。

（3）**宗教与现实社会的沟通** 在传统社会里，宗教往往高高在上，以狭隘的教义来支配社会的伦理与价值观，借神的旨意领导社会，造成教会与现实社会的脱节。在当代社会里，教会已注意到现实社会的环境，因此极力提倡社会福利工作，以教会的力量来帮助有困难和需要救济的人。

（4）**电化教会的出现** 近年来，美国宗教界产生了一个具有相当震撼性的电子革命。一些布道家经由电视的传播传道，听众相当多，而所募得的捐款也远超过以往地方性的募捐。这种以电化传播工具传教的教会，当代学者称之为电化教会（electronic church）。然而，由于几个电化教会的布道者不断发生丑闻而暂时受到挫折，参与人数和募款额都不如往昔盛况之时。

总而言之，在现代社会里，宗教的神秘气氛比早期要少得多，也比较能注意到教会与现实社会的关系及配合；普及教会逐渐为宗教多元论所取代；教派与教派之间的冲突也较少发生。从整个国际局势来看，以往北爱尔兰天主教徒与基督教徒之间的冲突，似已趋于淡化。目前，宗教冲突比较严重的仍是以色列与中东伊斯兰教国家间的武装战争，以及伊斯兰教徒中的神学士对西方社会的挑战。然而，这些冲突似乎并非单纯的宗教冲突，它们更多涉及族群的冲突和文化差异的冲突。

## 延伸阅读

李亦园，1978，《信仰与文化》，台北：巨流图书股份有限公司

郑志明，2005，《宗教组织的发展趋势》，台北：大元书局

Arweck, Elisabeth（2006）*Researching New Religious Movements : Responses and Redefinitions.* New York : Routledge.

Stark, Rodney（1996）*The Rise of Christianity: A Sociologist Reconsiders History.* Princeton, NJ: Princeton University Press.

Stark, Rodney, and William Sims Bainbridge（1997）*Religion, Deviance, and Social Control.* New York: Routledge.

Wuthnow, Robert（1992）*Rediscovering the Sacred: Perspectives on Religion in Contemporary Society.* Grand Rapids, MI: Eerdmans.

## 练习题

1. 最早对宗教做系统研究的社会学家是_____。
   A. 孔德　　　　B. 涂尔干　　　　C. 斯宾塞　　　　D. 韦伯

2. 不平常、稀有、人们畏惧的信仰或事物，如基督教的十字架，中国民间信仰先人的神主牌位等，涂尔干将其归类为_____。
   A. 神圣　　　　B. 世俗　　　　C. 鬼灵　　　　D. 神明

3. 平常和经常的经验或事物，如一般的食物、衣服、车辆等都属于涂尔干归类的_____。
   A. 神圣　　　　B. 世俗　　　　C. 鬼灵　　　　D. 神明

4. 涂尔干认为宗教是社会体系_____。
   A. 演化的主要因素　　　　B. 冲突的主要原因
   C. 整合的主要力量　　　　D. 毁灭的主要力量

5. 马克思认为宗教是人民的_____，它麻醉了人民求改革、求上进的企图心。
   A. 精神鸦片　　　B. 药品　　　C. 斗争工具　　　D. 救主

6. 人类学家把一些原始或初民社会的信仰称为_____，因为这些社会相信自然界的一切皆各有其灵魂；石头、树、动物、海、风、雨都是有灵的。
   A. 万灵论　　　B. 巫术　　　C. 图腾主义　　　D. 异教论

7. 有些初民社会相信巫师具有超自然的能力来保护个人的生命和团体的生存，并能驱除邪恶，治疗百病，这是_____。
   A. 万灵论　　　B. 巫术　　　C. 图腾主义　　　D. 异教论

8. 有些初民社会相信神祇及其族民祖先都来自自然界，因而他们崇拜动物或植物，此即所常称的_____。
   A. 万灵论　　　B. 巫术　　　C. 图腾主义　　　D. 异教论

9. 中国人的民间信仰里神明众多，有管土地的土地公和城隍爷，管医疗的保生大帝，管生育的注生娘娘等，可以说是_____。
   A. 多神论　　　B. 一神论　　　C. 万灵论　　　D. 巫术

10. 泰国的佛教可以算是普及教会，泰国人几乎人人信佛；佛教与泰国的政治、经济、文化密不可分。它是一种_____。
    A. 普及教会　　　B. 上层教会　　　C. 教派　　　D. 异教

11. _____是指一小群信奉非主流或异常的信仰教义者所组成，往往强调个人与神的直接沟通。美国的摩门教会、统一教会皆是。
    A. 普及教会　　　B. 宗派　　　C. 教派　　　D. 异教

12. _____是指一小群相信新的违反主流派信仰的人所组成的教会，非常崇拜一个有号召力的领袖，强调个人情绪的完全参与。因为它们的新教义为世俗所不允许，因此，人数不会太多，而且也保持相当程度的神秘性。
    A. 普及教会　　　B. 宗派　　　C. 教派　　　D. 异教

13. 崇拜穆罕默德为先知，信奉《古兰经》者是_____。
    A. 佛教徒　　　B. 基督教徒　　　C. 印度教徒　　　D. 伊斯兰教徒

14. 哪一种信仰主张教徒应该修身与节欲，以减少一生中生老病死的痛苦？
    A. 佛教　　　B. 基督教　　　C. 印度教　　　D. 伊斯兰教

15. 哪一种信仰受汉初盛行的"黄老"思想的影响？
    A. 佛教　　　B. 基督教　　　C. 道教　　　D. 伊斯兰教

16. 中国民间信仰的特点之一是_____。
    A. 神明功能的分化，每一个神明都各有其指定的角色
    B. 一种一神论，只有天公才是真神
    C. 政教分明
    D. 宗教高于政府

17. 在现代社会里，宗教的神秘气氛比早期_____。
    A. 要少　　　B. 要多　　　C. 一样　　　D. 不知道

18. 以电化传播工具传教的教会，当代学者称其为_____。

　　A. 网络教会　　　　B. 远距教会　　　　C. 电化教会　　　　D. 未来教会

19. 在中国社会里，哪一种信仰不是外来教会？

　　A. 佛教　　　　　　B. 基督教　　　　　C. 道教　　　　　　D. 伊斯兰教

20. 在工业化的社会里，宗教已与其他社会制度分化了，失去其旧有的控制力。教会也较重视社会现况。这是_____。

　　A. 宗教的世俗化　　B. 宗教的商业化　　C. 宗教的神圣化　　D. 宗教的政党

# 第十一章

# 教育制度

## 11.1 教育的功能

一个社会如果要达到或维持稳定，社会里的绝大多数成员的行事或互动就必须遵守社会规范；同样，社会如果要延续下去，它的文化就必须代代相传。这些学习社会规范与文化的过程，也就是前面讨论过的社会化过程。而社会上用来执行社会化的几种主要制度里，教育制度无疑是仅次于家庭制度的重要制度。家庭的社会化任务是把小孩带大，也是一种以亲情为中心的工作；教育制度的社会化则须经过在学校或一些专门设立的机构中进行的相当正式的过程。功能学派的社会学家相信教育对社会化的功效仅次于家庭，教育制度有很多功能，包括显性功能和隐性功能：

（1）**传授技艺** 教育制度是特意为传授个人生存基本技艺的一个最主要计划，学生在学校学习到读、写、算和史、地等基本常识，以及在未来的日常生活中所必须具备的基本技艺。这些技艺很多是无法由家人传授的。例如：合群、政治参与、最新的科技等。

（2）**发展个人才能** 教育制度具有为社会选才的功能，经由不同科系的专门训练以及分班制度，社会希望能将个人才干发挥出来，以达到为社会选才的目的。学校的成绩及所颁布的学位常被用来代表个人才能。

（3）**传递文化** 虽然家庭在儿童社会化过程中把基本的社会规范传递给子女，但是文化不仅包括规范，还包括其他众多的物质与非物质文化。家庭的能力有限，学校就担负起这个功能。学生们在学校里所学的历史、人文社会学科及理工科的知识，都是社会文化的一部分，都由曾经受过专业训练的教师来传递。

（4）**新知识的启发** 学校是新知识发现的最有利场所，很多科学研究都与高等学校有关；学校环境无疑是学问的辩论研究以及新见解、思想与理论的原始发展之最佳场所。

（5）**青少年期的延长** 在传统农业社会里，由于人工的需求，小孩很早就投入劳工市场，赚钱贴补家用或帮忙父母耕种。在现代社会里，小孩在学校里有相当长的一段日子，至少要到高中毕业才能正式进入劳工市场，有些要到大学毕业才能真正独立。这自然延长了青少年在家中被父母抚养的时日。

（6）**隔离青少年人**　学校的另一个功能是经由就学，把青少年与其他年龄组的社会成员隔离，以便有效的管理与教育，同时也减少缓冲就业的直接竞争及压力。

（7）**替父母代管子女**　学校就像一个代管小孩的托儿所，由幼儿园一直到大学，社会把一大群的小孩跟青少年聚集一堂，由专任老师看管教导；使得父母无后顾之忧，全力在外从事职业上的投入，而父母所付出的代价远比分别雇请私人保姆在家看管要便宜得多。

（8）**建立朋友圈**　学校为学生们提供一个良好的建立朋友圈的环境，这些同学和朋友在个人将来的社交上或事业上都可能有相当的影响力。

（9）**婚姻伴侣的选择**　学校提供了一个男女青少年互动的机会与场所，为两性角色的期望作了初步的诠释。青少年男女在学校相识而约会，由约会而产生爱情而成婚。学校是一个良好的婚姻对象挑选场所，因为同学们的年龄、兴趣、社会背景相似，互动机会多，彼此兼容性高，较易有同质型的婚姻条件。

（10）**社会地位的改变**　在当代高度流动的工业社会里，教育是改变个人社会地位，提升社会阶级的最佳工具。教育程度越高，收入越高，社会地位上升机会越多。

以上几种功能当中，学者们认为前四种是教育制度对社会的显性功能（manifest functions），有直接的贡献；而后六项则是隐性功能（latent functions），虽不是原意的目的，却有间接的贡献。功能论的学者从早期的涂尔干开始就注重上述这些功能的探讨，强调教育对社会的重要性。然而，冲突论的学者指出，学校教育在其功能的掩饰之下，也有一些似是而非的作用。这包括：把上层社会所要求的道德、规范以及价值强加于一般平民。在这种教育制度下，下层社会的文化无法施展，只能依附学校所代表的上层文化。学校既代表上层社会的文化；同时，学校的教育方式又强调学生遵守校规，服从师长；那么这种所谓的遵守就是遵从上层社会的价值观念及行为规范，所谓服从就是服从上层社会。学者称此为隐藏式课程（hidden curriculum）。

冲突论者更进一步指出，目前的教育制度很容易造成一种很严重的文凭主义（credentialism）；这是指文凭就代表着一个人的能力。事实上，文凭与才能并不一定有直接的关联。求职找工作要文凭，升职要文凭，都是一种不公平的社会压制，用以对付、压抑没钱受教育的下层社会成员。这批学者所提出的上述观点并非完全没有根据，他们指出在台湾就有这样的矛盾：台湾大专联考制度一直受到知识分子的批评，因为它造成社会的升学主义，联考的激烈竞争又间接对上层社会子弟有利。

教育制度有其功能、反功能和冲突是毋庸置疑的，然而它是社会里的一个重要制度更是不能否认的。教育与其他的社会制度不可避免地有密切关系：

（1）**家庭与教育** 研究指出，学生在校成绩的优劣与家庭环境相关。例如：家庭子女人数与子女在学校的表现有关；子女人数少的，学校成绩较优秀，独生子的成绩也比有兄弟姊妹的小孩成绩好。又如：家庭对教育的观点可能影响子女的求学经验；越重视教育的家庭，子女的课业成绩越好，所受教育的时间越长。父母教育程度越高，越重视教育，儿女进大学的机会越高。在比较美国亚裔学生与其他族群学生时，各种研究都显示，亚裔学生的优异表现主要在于其父母花在督促子女课业的时间远比其他族群家庭来得多。

（2）**宗教与教育** 基督教教会在西方教育史上有其不可磨灭的贡献，一直到20世纪初期，西方很多著名的高等学府几乎都是由教会创建或资助的。大多数美国早期名校皆与教会有关。即使在目前，教会对学校课程的安排仍有相当大的影响力，特别是在中小学里。例如：教会一向反对达尔文的进化论，坚持学生应有在教室里做祷告的权利。另外，有研究发现教会学校的学生要比一般公立学校的优秀。目前，台湾虽然有基督教、天主教及佛教等教会主持或资助的学校，但对整个教育制度的影响不如西方社会。

（3）**政治与教育** 教育一方面因为绝大部分经费来自政府，同时更因为其对国家的影响甚巨，因此，政府对教育相当重视；政府的各项政策、方针都能影响到教育制度。政府常以教育经费及教育人员的分配作为对教育制度控制的手段，经费的编排和宽紧皆可影响整个教育的方向。在人员的控制上，聘任制度和资格审查也让政府可以控制教员的来源与素质。

（4）**经济与教育** 一般来说，教育程度越高，个人的收入越高，因为教育程度的高低影响个人求职和升迁的机会。不仅如此，教育水准高家庭的子女通常也接受较长的教育，在学校表现也较优秀。如果从经济成长的层面来看，工业化及其可能带来的经济成长需要有高素质的工人：教育程度高的工人不但能很快地接受新知识，更能大大地降低公司训练的成本；教育程度高的工人较负责，较重视团队合作的高效率原则。很明显，普及教育有利于经济成长；经济成长后所产生的社会财富更能增加社会对教育的支持，并提升普及教育的素质。

## 11.2 教育制度的结构

　　教育制度是社会为训练年轻一代接受社会规范与价值观念所成立的一种制度。世界各地因文化背景、社会需求不同，其教育制度也不尽相同。以台湾地区的情形来看，教育制度比较倾向美国式的教育制度。大致上，在这种制度下，教育等级包括四种层次：学前教育、小学教育、中学教育及高等教育；除此之外，还有一系列以职业训练为目的的专科职业教育。

　　在人事方面，每个教育制度里都有其专业人员；从行政系统来看，有各级教育行政主管机构，各级学校的校长、各科室主任、专任教员及兼任教员等；人员与经费的编制都相当庞大。世界上大多数教育制度皆采取中央集权式。美国目前采取分权制教育（decentralized system of education），各学校有其独立主权来安排课程，联邦政府的教育部并不直接干涉，教育部的工作偏向国际交流和职业训练。

　　毫无疑问，学校是一个庞大的机构，其内部阶层分明，权责分配清晰，正像其他工厂、公司或政府机关一样；学校机构是为提高教学效率而设立，学校成员包括行政主管单位、教师及学生：

　　（1）**行政主管单位**　行政主管单位包括两部分：一种是校外间接指挥校务的主管机构，这些机构不直接负责校务，却拥有拟定教学方针及校务运用原则的权力。另一部分则是校内各级主管，例如：校长、副校长、系主任、科主任等负有直接行政责任的主管；他们被赋予指挥日常校务操作的权力与人员选拔的任务。

　　（2）**教师**　在教育机构里有一批为数众多的"教师"，他们是学校里不负担行政工作的专业教员，他们的主要工作及责任是教导及辅助学生的课业活动。在整个教育系统里，他们的权力虽然不大，却对教育的成败影响最大。有些教育制度给予教师相当程度的教学自由，可以选择教材或教学方法。由于教师与学生有直接的互动，他们对年轻学子的影响也大。研究发现老师如果经常鼓励学生，并给予适当的辅导，学生成绩会较有优良表现。教育学称此为"教师期望效果"（teacher-expectancy effect）。在社会里，教师一向是受人尊崇的职业；由于工业社会的变化大，学生难教，再加上教员薪金不高，不少教师有相当程度的挫折感。

　　（3）**学生**　在教育机构里为数最多的自然是学生，他们是其中地位最低的一群。学生与教师或其他行政单位主管们的互动完全是不平等的关系，学生只有服从的份儿，没有决定自身利益的权力。在台湾地区的社会里，师生关系是有一定的规范的。老师不仅是教学，而且还被期望成为学生的行为表率。因此，老师必须以身作则，"为人师表"代表一种完美的人格模范，学生在老师的言传身教中学习到做人的道理和成为社会上有用有贡献的人。

但是老师与学生之间的关系开始发生改变。由于目前台湾地区的教育方针倾向于职业训练，而非道德教育，因此，老师所传授的只是知识与技术，不再是学生的人格模范；而学生也无须向老师学习做人的道理。再加上义务教育的推行，学生人数多，使老师与学生间的关系越来越淡薄。

另一个影响师生关系改变的原因，是当前现代社会中学生所接受的知识来源并非全由老师所传授而得。电视、报纸杂志及其他大众传播媒体都带给学生相当丰富广泛的知识和学问，因此减少了学生对老师的依赖性，同时也相应地减少了老师的权威。

## 延伸阅读

杨国赐，1987，《现代化与教育革新》，台北：师大书苑有限公司

杨国赐，1987，《社会教育的理念》，台北：师大书苑有限公司

天下杂志，2005，《前瞻台湾：新教育》，台北：天下杂志股份有限公司

Feagin, Joe, Vera Hernan, and Imani Nikitah（1996）*The Agony of Education.* New York: Routledge.

Fischer, Claude S., Michael Hout, Martin Sanchez Jankowski, Samuel R. Lucas, Ann Swidler, and Kim Voss（1996）*Inequality by Design: Cracking the Bell Curve Myths.* Princeton, NJ: Princeton University Press.

Gatto, John Taylor（2002）*Dumbing Us Down; The Hidden Curriculum of Compulsory Schooling.* Gabriola Island, B.C.: new Society.

Rosser, Phillis（1992）*Sex Bias in College Admission Tests.* Cambridge, MA: Fair Test, Inc.

Rury, John L.（2005）*Education and Social Change.* Mahwah, NJ: Erlbaum Associates.

Sadker, Myra（2000）*Teachers, Schools and Society.* Boston: McGraw-Hill.

## 练习题

1. 哪项不是教育的显性功能？
   - A. 传授技艺
   - B. 发展个人才能
   - C. 新知识的启发
   - D. 替父母管教子女
2. 哪些是教育的隐性功能？
   - A. 建立朋友圈
   - B. 婚姻伴侣的选择
   - C. 替父母管教子女
   - D. 以上三项都是

3. 在当代高度流动的工业社会里，改变个人社会地位、提升社会阶级的最佳工具是_____。
    A. 家世        B. 朋友        C. 教育        D. 政党

4. 美国的研究发现家庭子女人数与子女在学校的表现有关：子女人数较少，其学校成绩_____。
    A. 较优秀      B. 较劣        C. 没差别      D. 不知道

5. 在比较美国亚裔学生与其他族群学生时，各研究都指出亚裔学生的优异表现主要在于_____。
    A. 父母花在督促子女课业的时间远比其他族群家庭多
    B. 父母花在督促子女课业的时间远比其他族群家庭少
    C. 父母对子女课业的要求远比其他族群家庭严
    D. 父母从不督促子女课业

6. 有研究发现由教会主办学校的学生要比一般公立学校_____。
    A. 优秀        B. 劣等        C. 一样        D. 不知道

7. 一般来说，教育程度越高，个人的收入_____。
    A. 越高        B. 越低        C. 一样        D. 不知道

8. 学校的教育方式是强调学生遵守校规，服从师长；所谓的遵守就是遵从上层社会的价值观念及行为规范，所谓服从就是服从上层社会。学者称此为_____。
    A. 隐藏式课程  B. 权威性教育  C. 军训式教育  D. 皇朝式教育

9. 找事要文凭，升职要文凭，都是一种不公平的社会压制。这种批评来自_____。
    A. 功能论者    B. 冲突论者    C. 符号互动论者  D. 交换论者

10. 美国教会对达尔文的进化论的态度是_____。
    A. 赞同        B. 反对        C. 不赞同也不反对  D. 没意见

11. 教育普及_____。
    A. 有利于经济成长            B. 无利于经济成长
    C. 与经济成长无关            D. 提高外贸

12. 学校校长、副校长、系主任、科主任等负有直接行政责任并被赋予指挥日常校务操作的权力与人员选拔的任务，教师则负责教研工作，各有职责。这是学校官僚化的哪一项特征？
    A. 分工        B. 公私分明    C. 寡头政治    D. 彼得原理

13. 研究发现老师如果常鼓励学生，并给予适当的辅导，学生会较有优良表现。教育学称此为_____。
    A. 教师期望效果              B. 学生努力效果
    C. 奖励效果                  D. 以上三项都不是

14. 在教育机构里为数最多的是_____。
    A. 教员        B. 学生        C. 职员        D. 工友

# 第十二章

# 经济制度

## 12.1 经济制度类型

经济活动是人与人之间的一种交换行动。这种交换行动可能是以物易物，也可能是以金钱与物品交换，还可以是以服务换取物品，甚至以金钱交换金钱。马克思在他的《资本论》里就曾指出，在工业化以前的农业社会里，人们的经济活动主要是以物易物，后来才发展到以货币为交换的媒介；到了资本主义社会后，金钱就变成交换的主要目的，货品或物资反而成了金钱与金钱之间的媒介。

经济制度是社会制度的一种，主要是处理物资与服务的生产、分配与销售的一种体系。在现代社会里，经济制度大致上可以划分为三种类型。

### 资本主义经济（capitalist economy）

这是目前欧美西方国家、日本及其他国家最为热衷的经济体系。而事实更证明，在这个制度下的经济要比其他制度来得富裕，资本主义经济的主要特质包括：

（1）强调市场经济的运作，生产与消费皆以市场为指导原则。一个货品的生产量、价格及销售对象都以市场为依据；换言之，市场的供求原则决定生产何物，及其产量、价格、分配等。

（2）社会里的生产工具（包括资本与机器）皆为私人所拥有，消费者的消费意向亦由个人来决定与支配。

（3）鼓励谋利与累积财富。谋利与财富的累积是让个人努力工作、积极参与经济活动的最主要因素。

资本主义经济体系的确建造了富裕的社会，但同时也产生了一个贫富悬殊的不公平社会。资本主义财富累积的原则造成财富的集中：出现了富者更富、贫者更贫的现象。因此产生了社会主义经济体系。

### 社会主义经济（socialist economy）

社会主义经济主张把财富归公，让社会里所有成员都能分享。社会主义经济的首要特点是财富归公,财富平等分配,人人依各自所需而获得相同的待遇。例如:在共产社会里,成员的薪水、工资是按年资为准,而非以职业专长来订立。社会主义经济的第二个特点是计划经济。经济的生产与消费不由市场来支配,完全由中央政府事先制定的经济计划来决定,像前苏联强调军事工业及高科技工业,却不重视生产人民的日常消费用品。事实上,不是苏联不能生产足够的面粉、卫生纸或肥皂,而是中央的经济计划不把重点放在人民的需求上,只重视重工业、国防工业,建造核能厂、开展太空科学、建立太空站等。社会主义经济的第三个特点是生产工具的国有制。它不允许私人财产的累积,更不准私人拥有生产工具;没有私人企业,全国的经济组织全属公有,即国有;全国的员工都为国家所雇用,也就是都吃公家饭。

社会主义经济的最大优点是铲除贫富间的巨大差距。但是由于没有私人企业,又不准累积私人财富,于是,人民工作意愿不高,只求靠大锅饭的铁饭碗过日子。事实上,社会主义经济所获得的财富平等是建立在均贫的基础上,而非均富的基础上。为了摆脱经济困境,原本的东欧共产国家,甚至苏联都有革命性的改变,纷纷借鉴资本主义的经济发展模式。中国大陆的"对外开放,对内搞活"经济政策,就是部分采用资本主义经济的特质:个人能拥有生产工具、企业、工厂,也能累积财富。20世纪末期的中国大陆经济成长完全归功于此经济模式。

## 民主社会经济(democratic socialist economy)

也称为福利资本主义(welfare capitalism),是上述两种经济体制的折中。它主要是由政府掌握和控制社会的重要资源与企业,例如交通事业、邮电、大众传媒、银行金融业;但同时也允许私人企业的运作;并给人民最大的社会福利,包括教育、医疗健康保险、失业保险、退休等。北欧的瑞典、挪威、芬兰等,以及英国实行此制度。这种制度之所以能提供全套由生至死的社会福利完全靠其超高的税收来维持。

社会学家伦斯基夫妇(Gerhard E. Lenski and Jean Lenski)对经济制度的分类则是从进化论的观点进行。他们指出,人类经济活动的进化大致上可以分为五个阶段,每一个阶段代表其各自独特的经济形态:

### 阶段一:狩猎采集社会(hunting-and-gathering society)

这种社会粮食主要来源是狩猎动物及采集自然界的植物。这种社会完全依赖自然环境,一旦食物殆尽就得另觅处所,迁徙不断;因此团体的规模较小,不可能为数众多。其成员的主要经济活动是觅食与求生存,人与人的社会地位亦相当平等。

**阶段二：园艺社会（houticultural society）**

这种社会的经济制度主要是以人力耕种土地为资源。这种社会里的人不像第一阶段经常迁移，他们会停留在一个地方从事简单的耕种，但对土地、种植等知识技术都还粗浅；一旦土质变差，生产不足时，就只得迁移他处。由于人们能有限度地耕作，可供养的人口就比以前多，稍大型社会团体就可能开始出现。

**阶段三：农业社会（agricultural or grain society）**

人类的经济活动发展到这一阶段时，已能运用简单的工具与动物的劳力；人们开始定居不再常迁徙；于是生产量较前增多，经济活动亦较频繁；贫富差距开始出现；大型的社会结构逐渐形成，城市在某些大农业帝国里出现。

**阶段四：工业化中社会（industrializing society）**

这种转变型的社会产生于18世纪工业革命以后，其生产特质逐渐由人力和畜力转变到机械生产的能源。工厂成立，生产数量大为增长；人口亦随之增加。工业和商业活动逐渐替代了农业活动。

**阶段五：工业社会（industrial society）**

在这种社会里，机器动力已成为主要的生产工具。在工业化的推进下，不论是粮食或其他物品都能大量生产；社会的生产有剩余，于是许多成员可以不必直接参与生产工作，而参与一些服务性的工作，例如教育、医疗、护理、政府、大众传播等，于是社会阶层更见明显。人与人之间的经济活动不再是以物易物，变得十分复杂。机械生产工具的拥有成为财富累积的最主要因素。

很明显，伦斯基夫妇的分类是以经济制度里工艺技术的演化来划分，以进化论的架构来分析。而后，有学者认为有必要把现代的主要经济活动再划分出一个所谓的"后工业社会"（post-industrial society）。目前，许多国家社会的经济结构已不再强调工业生产，而着重在服务业及对信息的掌握。许多先进国家，例如美国、日本、德国都已迈进了后工业社会的阶段。

以上各种经济制度的类型主要用于区别各个制度里的经济活动。它们彼此间有区别，也有类似的特质。上述类型有时不能完全代表一个社会，有些社会具有几个类型的特质。这些分类则提供了参考。

## 12.2 现代经济的特征

我们曾经提过，在当今世界的经济体制里，资本主义经济最受各国的采纳，也最能为社会制造财富。不仅西方国家，在发展中国家，甚至以往的社会主义国家都逐渐借用资本主义的市场经济体制。

功能学派的社会学者认为，既然任何社会体制都反映一个社会的价值观，那么资本主义经济制度必然符合社会的利益与个人的基本需求才能如此地有效与成功。功能论者指出资本主义的私有财富和谋利的原则，符合西方社会对个人自由和财富尊重的价值观。美国是一个典型的资本主义经济国家，正因为美国社会重视个人的尊严，相信每一个人都应该有累积财富的机会，同时也认为个人比团体重要；个人成功与否的衡量是以收入、资产等的多寡为原则：有钱就代表成功。美国社会更把赚钱营利视为成功的必然象征与标志。

目前，以美国为首的资本主义经济制度的社会有以下社会经济结构上的特征：

## 大企业组织的出现与扩展

以营利为目的的企业有一种共同的倾向，就是以扩展来谋取更多的利润。基本上，大企业的扩展采取两种方式：一种是垂直扩展（vertical expansion），指企业控制原料的生产及成品的设计、制造、加工、批发，一直到零售的整个过程。如此的扩展可以减少成本，而在这一过程中的每一个阶段都有利可图。另一种是平行扩展（horizontal expansion），也就是把所掌握的事业加以分散（diversification），避免过分集中于某一种产业或企业。如果其中一种有所亏损，可由其他有盈余的来补助；关系企业的成立更可调节企业资本的流动与利益的转换。以往，大企业的谋利手段主要是在研究发展（research and development）方面，亦即所谓R&D的工作。如果一个公司能够发明出一种新的专利品，那么就可以独占市场而获取暴利；但是近年来，R&D已不再是主要的营利手段，因为：

（1）研究发展成本花费太大，而且并不一定能保证发展出一种新产品；财力不雄厚的公司，不敢依赖研究发展。

（2）即使研究发展真有了结果，有了新产品，但是这不代表就受欢迎；也就是说，新产品可能没有市场，无法获利。

（3）即使有了市场，仍然不能保证获利；因为仿冒者众多，仿冒品牌把公司该得的利润瓜分了。所以，目前很多大企业对研究发展工作并不像以往那么热衷。

由于企业界以垂直和平行扩展为谋利的手段，再加上企业间的合并，不仅企业组织越来越大，大型企业组织更是越来越多。

## 跨国公司的出现

跨国公司（multinational corporation）的出现，可以追溯到16世纪西方海权发展时期的东印度公司，但真正成熟而具操纵实力的时期，则是第二次世界大战以后。美国大企业公司随着战后势力的外伸而扩展到其他国家。近年来，日本、欧洲多国已在跨国公司的运作上直逼美国。大型跨国公司，绝大多数的总部都在美国、日本及德国。最主要的是石油、汽车、电器等企业，以及金融、银行、计算机、信息、传播、电信等。这些公司企业的产品，通常通过数个国家的合作，由原料生产、成品设计、制造过程、运输销售，直到送递至消费者的手中。整个过程中，以最低的成本雇用贫穷国家的廉价劳工加工生产，再以低价格在各地竞争谋利。许多跨国公司的财力比当今一个中型的国家还要雄厚；由于他们的投资及提供的就业机会、工业技艺对于落后地区的影响力十分可观，不仅只在商业经济方面，常常还能左右当地政府的有关政策。

## 私营小企业的衰退

随着大企业和跨国公司的出现，私人经营的小企业无法与其竞争，而遭遇到严重的衰退。以往，为数相当大的一部分人拥有自己的生产工具、自由耕地，自己开店或办小工厂，现在则被大企业和跨国公司所霸占。于是，社会学家把未来的社会称为受雇社会（employee society），指社会里的绝大多数人是受雇用的员工，而非为自己的事业而工作；也可以说是一种领薪资的人多于发薪资人的社会。人们认为替大公司做事比自己创业较有安全感、较有保障；同时，为了争取员工，大公司所提供的福利也相当理想。

## 妇女就业率的增加

在前面讨论两性角色时，我们曾经提到在工业社会里，妇女就业率有逐渐增加的趋势，其原因不外是社会结构、社会价值等的改变有利于妇女劳动力的参与，例如：

（1）服务业的扩展制造了更多适合于妇女就业的工作机会。
（2）家庭子女人数减少，已婚妇女可以走出厨房，在外就业。
（3）生活水准的提高，使得许多家庭必须依赖两份收入来维持家用。
（4）妇女教育程度提高，就业机会增加。
（5）社会价值的修订，允许妇女在外就业或工作。
（6）离婚率的提高，促使妇女为了自保而就业。

## 工作疏离感的产生

疏离感（alienation）是一种对工作的挫折经验，它大致上可以说是一种无权感（powerlessness）、无意义感（meaninglessness）、孤独感（isolation）及自我围困感（self-estrangement）。这种疏离感常发生在蓝领阶层的工人身上。由于工业界分工太细，工人只负责制造过程的一小部分而对整个制造过程没有整体的感受；对工作环境无权干涉，又无影响力，每天做同样的工作也真没有意义；再加上工作场所强调高效率，分秒必争，于是与同工种的人互动机会减少，实在没有人情味，感觉十分孤独和困惑。这些疏离感也常见于服务业的白领阶层。白领阶层的工作，除了分工太细、强调效率、无人情味外，还因用计算机操作而感到枯燥无味；更因白领阶层教育程度较高，其期望也较高：无论是薪金、职位、声望、工作环境等常难让他们满足。行为科学家们已发现，人们对工作的疏离感会影响人们的心理健康，例如自卑感、愤怒、紧张、难与人相处、工作效率低下等问题；这些更能导致身体上的病症，例如头痛、胃痛、消化不良、四肢不适，甚至心脏病。

## 休闲时间的延长

休闲活动（leisure activity）是指完全为使个人或家庭在心理上自由、轻松、娱乐的活动，这些不是为了经济酬赏的工作，不是为了社会或他人利益而做的义工。工业化利用机器来代替工人，工人的工时就有逐渐减少的趋势。以往人们一星期工作7天，后减为6天，减为5天半或5天。现在已有每星期工作4天，每天10小时；或每两星期工作9天，每天9小时；平均一星期工时仍为40小时，却增加一天或两天的休闲时间。

工作时间减少，相对的休闲时间便增加了；休闲活动项目也随之增加。以往人们时时为生活忙，为柴米愁；经济发展后，人们有钱有闲，享受人生：去餐厅，看电视、电影，唱卡拉OK，跳舞，登山，去游乐园，打球，看球赛等，都是人们最爱的休闲活动。近年来的国外旅行更是流行。适当的休闲活动可以减轻从工作上得到的疏离感，更可以增加工作效率。因此，如何培养社会成员的正当休闲活动，将是新兴社会的一大挑战。

## 由科学管理转变到人际关系的企业管理方式

以往，美国和西方国家的企业管理采用科学管理（scientific management）方式:把工人当做一种资本或成本。为求高生产效率,对待工人如同机器,充分利用。听天由命、按部就班的工人远比耍小聪明、有点头脑的工人更能发挥效率,更易管理,以达到工厂企业的要求。然而,这种机械式的管理方式已受到批评,一种新的人际关系的管理(human relations management)方式将取而代之。这种新的管理方式强调在生产管理过程中不能忽略人际关系:要重视、考虑到员工的心理状态、与主管间的关系、受同辈团体所施的压力及其社交圈,相信这些都会影响员工的工作效率。

许多美国企业界领袖认为日本人的企业管理方式就是一种重视人际关系的管理方式。日本企业界的管理模式包括以下特点:

(1) 日本企业重视工人的忠诚。日本企业给予工人几乎是终身雇用的保证;同时,鼓励所有的员工彼此互动往来。

(2) 日本重视品质控制(quality control)。它们以小组会议方式共同检讨品质控制的问题,不分上下,使所有的工作成员都有参与感。

(3) 日本企业也注意到工作成员的亲属(尤其是家庭成员)的福利问题:一方面让工作成员对工作有安全感,没有外来因素的干扰;一方面还扩大员工家属对公司的忠诚,使家庭能与公司配合,提高生产效率,并且总以公司利益为大前提。日本企业界的成功范例对美国产生了相当大的挑战及压力,美国企业逐渐模仿日本模式来管理,希望能借此提高生产效率与品质控制。

现代经济除了上述特征之外,一项重大的改变将对未来的经济运作发生极大的冲击,这就是电传信息的运用及普及。自动化在工作场所已成必然的趋势,更可能在不久的将来走入家庭。通信、计算机、网络对未来经济活动的影响更不能被忽视。这些使经济行为减少了时间的限制,更缩短了空间的距离,整个世界的经济市场都融进了一个世界村。

## 12.3 工业化与经济发展

许多人常把工业化与经济发展互相交换使用,实际上二者是有区别的。工业化(industrialization)指机器动力的使用,生产工具的改进;而经济发展(economic growth)则是指生产与消费形态的改变,以及财富的累积。二者常有前后次序不同的关联,工业化起步在前,导引经济的起飞。

经济学家指出经济成长或发展至少要具备六个要素:

（1）自然资源的储存及供应

（2）成本资金的储存及供应

（3）人力资源的质与量

（4）工艺技术发展的层次

（5）经济成长的需求

（6）充分生产的要素

前四项是经济成长的"供给因素"(supply factor)，后两项是"需求因素"(demand factor)。一些欠发达国家之所以如此贫困，实因其本身不具备上述六个要素，社会富足不起来：社会人口压力太大，教育不足致使人口素质不佳，生产物质缺乏，资金不足，就业机会不多，失业率高，这些即是短缺上述因素的证明。这多是恶性循环，使贫困的社会无法自我翻身；这种贫困倒不是完全来自外界（工业化或资本主义经济制度国家）的干扰。

经济学家也指出：在经济发展的初期，政府应可扮演一个相当重要的角色以促进经济的成长，因为：

（1）发展中国家内乱频繁，社会不安定，一切资源无法充分利用。一个统一的政府可扮演正面的角色。

（2）政治不稳定，投资没有保障，其投资意愿不可能高。一个统一、有效的政府可以制定法律，有计划地鼓励工商业投资。

（3）政府可普及教育以改善劳工人口的素质，提供医疗保健服务及医护教育训练。

（4）政府可以从中协调产销问题。

（5）政府可以向外国寻求原料和外销市场。

一个有效率、稳定的政府有助于国家的经济发展，首先提倡工业化，提高生产量；如果一切运作得当，经济随之起飞，给人民和社会带来财富，更给整个社会带来欣欣向荣的生命力；社会由战乱而安定，人民由贫穷而富裕。

第二次世界大战后，东南亚国家的经济起飞过程中，政府所扮演的重要角色是不可否认的。然而，政府却不是唯一的成功因素；经济制度是由农业转变到工业、由内销而外销的过程中，必须注意到其他社会制度的配合。例如：在经济发展的过程中需要高品质的劳工，如果社会里的教育制度不能配合提高劳工的教育素质，经济发展就会受到挫折。又如：社会的价值观念也必须顺应时势，中国传统的重农轻商的价值观如果仍然主宰社会，如果商人的社会地位不会被重视，人们也就不会被鼓励经商了，社会仍以农为主，经济发展难以起步。

有一个很多学者讨论到的问题，是儒家伦理是否适合于资本主义社会。按照韦伯的理论，我国儒家思想保守、重视秩序、只求近利，并以家族为人们的活动中心，因此儒家伦理是违背资本主义精神的。第二次世界大战以后，几个在经济上有高度成长的国家和地区，却都来自以儒家文化为中心的东亚，例如日本、韩国、中国台湾和香港，以及新加坡。于是，有学者又提出儒家和资本主义精神必有兼容之处。基本上，他们发现儒家伦理强调刻苦耐劳、勤俭，有弹性，并且重视人际关系，这些都有助于发展。东亚这几个儒家文化影响下的地区里，高度经济成长不是完全没有道理的。

社会学家对经济制度的研究的主要重点，在于经济制度与其他社会制度的关系，彼此间的影响，以及经济制度对整个社会结构所引起的正反功能等。因此，经济学家所重视的经济主题，例如生产量、价格、产销、供应需求、谋利润等，都不在社会学讨论经济制度的范畴内。

## 延伸阅读

陆委会，1997，《两岸经济情势分析》，台北："行政院"大陆委员会
刘泰英、詹逢星，1988，《经济学原理》，台北：五南图书出版股份有限公司
陈介玄，2001，《台湾企业组织能力之发展》，台北：联经出版事业公司
经建会（历年），《台湾统计资料册》，台北："行政院"经济建设委员会
Bradshaw, York W., and Michael Wallace（1996）*Global Inequalities*. Thousand Oaks, CA: Pine Forge Press.
Smelser, Neil J.（2005）*The Handbook of Economic Sociology*. Princeton: Princeton University Press.
Swedberg, Richard（2005）*New Development in Economic Sociology*. Northampton, MA: Edward Elgan.
Wilson, William Julius（1996）*When Work Disappears*. Chicago: Unicersity of Chicago Press.
World Bank（1993）*The East Asian Miracle*. New York: The World Bank.
Zuboff, Shoshona（1988）*In the Age of the Machine: The Future of Work and Power*. New York: Basic Books.

## 练习题

1. 马克思在他的《资本论》里就曾指出，在工业化以前的农业社会里，人们的经济活动主要是_____。
   A. 以物换钱　　　B. 以物易物　　　C. 以钱换物　　　D. 赠与
2. 哪一种社会制度主要是处理物资与服务的生产、分配与销售？
   A. 政治制度　　　B. 教育制度　　　C. 经济制度　　　D. 家庭制度
3. 哪一项不是资本主义经济的特色？
   A. 强调市场经济的动作，生产与消费皆以市场为指导原则
   B. 社会里的生产工具（包括资本与机器）皆为私人所拥有
   C. 鼓励谋利与累积财富
   D. 计划性经济
4. 哪一项是资本主义经济的不良后果？
   A. 增加国家财富　　B. 增加个人财富　　C. 制造贫穷　　D. 制造贫富不均
5. 社会学家伦斯基夫妇的经济进化五个阶段里，哪一阶段其成员的主要经济活动是觅食与求生存，人与人的社会地位亦相当平等？
   A. 狩猎采集社会　　　　　　　B. 园艺社会
   C. 农业社会　　　　　　　　　D. 工业社会
6. 社会学家伦斯基夫妇的经济进化五个阶段里，哪一阶段其人类已能运用简单的工具与动物的劳力；其生产量较前来得多，经济活动亦更频繁；贫富差距开始出现；大型社会结构逐渐形成，城市在某些大农业帝国里出现？
   A. 狩猎采集社会　　　　　　　B. 园艺社会
   C. 农业社会　　　　　　　　　D. 工业化社会
7. 社会学家伦斯基夫妇的经济进化五个阶段里，哪一阶段机器动力已成为主要的生产工具？
   A. 狩猎采集社会　　　　　　　B. 园艺社会
   C. 农业社会　　　　　　　　　D. 工业社会
8. 目前，许多国家社会的经济结构已不再强调工业生产，而着重在服务业及对资讯的掌握。学者称之为_____。
   A. 农业社会　　B. 工业社会　　C. 后工业社会　　D. 高科技社会
9. 一个企业控制原料生产、制造加工、批发，一直到零售的整个过程。如此的扩展可以减少成本，而在这一过程中的每一阶段都有利可图。这是_____。
   A. 垂直扩展　　B. 平行扩展　　C. 理性成长　　D. 资源分配
10. 把所掌握的事业加以分散化，避免过分集中于某一种产业。如果其中一种产业有亏损，可由其他有盈余的来补助。这是_____。
    A. 垂直扩展　　B. 平行扩展　　C. 理性成长　　D. 资源分配

11. 当社会里的绝大多数人是受雇用的员工，而非为自己的事业而工作；也可以说是一种领薪资的人多于发薪资人的社会。此即为_____。

　　A. 受雇社会　　　B. 雇主社会　　　C. 白领社会　　　D. 现代化社会

12. 在工业社会里，妇女就业率有逐渐增加的趋势，其原因是_____。

　　A. 服务业的扩展制造了更多适合于妇女就业的工作机会

　　B. 家庭子女人数减少，已婚妇女可以走出厨房，在外就业

　　C. 妇女教育程度提高，就业机会增加

　　D. 以上三项都是

13. 由于工业界分工太细，工人只负责制造过程的一小部分而对整个制造过程没有整体的感受；对工作环境无权干涉，又无影响力，每天做同样的工作也真没有意义。再加上工作场所强调高效率，分秒必争，于是与同工的互动机会减少，实在没有人情味，感觉十分孤独而困惑。此即_____。

　　A. 科学管理　　　B. 疏离感　　　C. 阶级斗争　　　D. 以上三项都是

14. _____是把工人当做一种资本或成本的管理方式。为求高生产效率，对待工人如同机器，充分利用。

　　A. 科学管理　　　　　　　　　B. 人际关系的管理

　　C. 机械式管理　　　　　　　　D. 分红式管理

第十三章

# 政治制度

## 13.1 权力与政治制度

政治学家将政治（politics）定义为一种资源分配的过程，决定哪个人或哪个团体获得什么、如何获得、何时获得等。政治之所以能支配资源，主要是资源的分配原本就不均等，有些人拥有较多的资源，有些人则较少；政治则试图将资源进行较合理的分配。

社会学家在研究政治时，最关心的一项是权力（power）的运用。韦伯把权力看做个人或团体用以控制他人行为的能力，权力使他人顺从自己的意愿。一般来说，权力的来源有三种：

（1）个人的体能或智能可使他人顺从自己，给个人控制他人的能力。

（2）角色是个人在职务上的权力与义务，所扮演的角色可赋予个人某种权力。

（3）资源如资财与声望亦可替个人制造权力。

韦伯指出权力的种类大致可分为两类：（1）正式的权力（formal power），这是人民所认可的、正当的权力。政府单位是执行此种正式权力的机构。（2）非正式的权力（informal power），这是指正式权力以外的影响力，为社会所默许，以说服的能力来影响他人或团体。任何政府首长，例如县市长，因其县市长的职位而拥有权力来执行政府所拟定的政策，这是正式的权力。然而，政府政策的推行往往会受到利益团体或个人的关说而有所改变，这种关说就是一种影响力，是非正式的权力。

韦伯认为正式的权力就是权势（authority，又译权威）。韦伯指出权势有三种形式：

**（一）传统权势（traditional authority，又译传统权威）**

正式的权势可因传统的习俗所获得。这种权势即为传统权势，日本的天皇、英国的女皇、西班牙的国王都代表国家而拥有权势，是依传统而承袭，所以是传统权势。他们以世袭的方式获得权势，而且不必经过选举或审查。社会大众接受此种传统的习俗。

## （二）神格权势（charismatic authority，又译魅力型权威）

正式权势亦可经由个人的形象或号召力而获得，变成领袖人物，韦伯称之为神格权势。所谓神格（charisma），是指一个人被认为具有超凡的能力，是英雄，是领导人，是苦难者的救世主。例如：纳粹德国的希特勒可以算是神格式权势的领袖，因为人们相信他的人格神化了，服从他，成为他的信徒。

## （三）律法理性权势（legal-rational authority，又译法理型权威）

律法理性权势则是由法律规章的制订所赋予的权势。这种权势既非依传统而认可，又不只靠领袖个人的特殊神格，而是由法律典章制订规划的权势。例如：县市长的权势有法律规章上的依据，哪些在其职权范围之内，如何行使其职权等都有明文规定，不因县市长的人选而有所改变。

韦伯认为上述三种权势各有利弊。传统权势因为世袭，所以比较稳定，但是如果传统权势的领袖借由地位而误导人民或滥用权势，那么全民将遭受苦难。神格权势的优点是可以激奋人心，在神格领袖的领导下同心合力解决问题，这在国家危急时是很有功效的。但是神格权势是三种权势中最危险的一种，因为它有两种难以克服的缺陷：

（1）被认为有神格的领袖很难永远维持超凡的能力，一旦人们怀疑他的能力，挑战者会出现争权。而且在国家有难时，人们可能需要神格领袖，以解决危机；一旦国家太平了，这些神格可能就失去其原本的意义。

（2）即使领袖的神格终生不褪色，他死后的继承人有无神格，就成为争论的焦点。神格很难能由一代传到另一代。

由于以上两种缺陷，韦伯认为神格权势不能持久，也最危险。韦伯相信律法理性权势最为稳定，这种权势规定在制度里，是赋予职务而非个人或传统：不管人事怎么变动，权势不受影响，所以较能持久且稳定。如果再配合官僚组织的高效率系统，律法理性权势就是最理想的权势形态了。

政府的出现在历史发展过程中，大概与食物的储存有关。在最早期的人类游牧部落里，人们依赖自然界获取食物，没有所谓生产也没有剩余；社会尚无阶级高低之分，更无所谓以权力来支配控制他人或物资，所以还没有政府的出现。到了园艺社会，稍能生产，稍有盈余，财富资源的分配开始有多少之分；社会阶层随之开始出现，一种以公众力量来分配食物或剩余物资的政治制度由此产生，这就是政府的雏形。一些高等的农业社会更发展出官僚组织式的大型政府，古代中国、埃及、罗马都是大政治帝国。

在政府的发展过程中，其功能由单纯的食物分配，演化到领土的维护及扩充，对其成员在经济、社会、文化上的控制、统治、率领、规划的制订，以及社会人力的集体运作等。在当今工业化的社会里，政府对其成员的影响包括衣食住行，无所不在。依功能学派的观点，政府的目的在于保护其子民、维护社会的正义、维持社会的秩序；而冲突学派则认为政府的运作是维护既得利益团体的权利，统治、压抑、剥削低等阶层的人民。

## 13.2 政治形态

学者们对政治体系的分类方法很多，主要是因为各个学者的观点与兴趣不一样。本节特别介绍几种比较常见的。

美国政治社会学者李普塞特（Martin Lipset）用两个因素来比较政府的分类：一个因素是政府的合法性（legitimacy），也就是人们对政府形态的认同与支持；另一个因素是政策执行的效率（effectiveness），指政府在执行政策时是否有效率，是否能顺利推行。依照两个因素的交互使用，李普塞特把政府形态分为四类，如下图所示：

|  |  | 合法性 | |
| --- | --- | --- | --- |
|  |  | 高 | 低 |
| 效率 | 高 | A | B |
|  | 低 | C | D |

A型政府是一种具有高度合法性与效率的国家；政府在推行政策时的效率相当高，美国、加拿大、英国、德国等皆属于这一类。

B型政府是一种合法性低、效率却相当高的国家；换言之，虽然人民不支持政府，但是政府仍能顺利推行其政策。这种国家推行政策主要是以武力或暴力强迫人民顺服。然而，一旦政府失去其武力，革命可能随之发生，甚至被推翻。

C型政府是合法性高，但效率低；政府虽得人民的认同，但其行政效率低，无法有效地推行其政策。例如印度、墨西哥等国，政府虽为人民所支持，却无能、无效率。

D型政府是既无合法性也无效率；人民既不支持政府，政府也无作为。在第三世界国家中有不少是这一类型的政府，例如菲律宾、加纳、肯尼亚等国。这种国家随时可能会有革命推翻其政权。

另一种分类法是依据世界银行的分法,把世界分成三部分:把西方资本主义经济国家看做第一世界国家(first world nations),第二世界是共产国家(second world nations),而其他的不发达国家皆属于第三世界国家(third world nations)。这种分类在日常报纸杂志上常常可以看到,尤其是指第三世界国家。在许多共产国家改制以后,上述的第二世界不再被引用。

除此之外,有些名词是用来描述政府的分类,在此稍作介绍:

## 民主政体(democracy)

最理想的民主政体是由人民管理自己,有些政治哲学家相信人民了解其所需,应该由人民自己来管理自己;同时,经由此种直接政治参与,人民会被训练成优良的公民。远古时期的城邦政治是比较适合于这种纯民主政体;但是在今日的世界,由于局势复杂,人口众多,很难实行直接民主制。即使如美国那样所谓民主政体的典范,实行的也是一种代表制民主政体(representative democracy)。这种代表制民主政体是由一群人民挑选出来的代表来管理众人之事。代表制民主政体的关键是选举。经由选举而挑选出代表一般民众的议员,这些被选出的议员则有权任命负责行政事务的官员。经由这些过程,不做事或表现不良的代表可以合法地被淘汰。

## 极权政治(totalitarianism)

由政府来完全控制人民的一种政体。在这种政治里,政府控制人民的一切日常生活、思想、价值及行为准则。政府也同时控制经济发展和资源的分配,因此,其政治组织庞大而严密。军队和警察暴力的使用往往成为政府控制人民的手段。

## 专制政治(authoritarianism)

指国家由一个人来统治,这个领导统治人物往往是一位军事强人,他个人的决定就是法令;他一个人可制订法律,全国人民在其统治下过日子,求生活。例如伊拉克的萨达姆、利比亚的卡扎菲等都是专制政治里的统治者。

## 寡头政治(oligarchy)

指由一小群人共同掌理或控制整个国家,南美洲的阿根廷有一阵子就由一群军事强人合议领导国家。

### 君主政体（monarchy）

指由传统承袭的君主来代表国家、领导国家，沙特阿拉伯王国就是这种政体。英国、日本、西班牙等都施行君主政体，同时采取内阁政体；这些国家世袭体制下的王储，虽只是在礼仪上代表国家的君主，实际象征着君主政体的延续。

目前，实行民主政治的国家几乎全是较富裕的国家，国民的教育水平也较高。政治参与是民主政治的一大特色。社会富裕使得人民有空闲去参与政治活动，较高的教育使得人们了解政治参与的重要性。民主政治里的政治参与通常是通过参与政党的活动实现的。政党（political parties）是由一群有意掌权及对政府关心的人所组成。政党提名候选人参与竞选民意代表，提供任命官员参考人选，以及建议公共政策拟订方针；政党的目标往往不仅只为影响政策，更为夺权。有些政党是围绕某一领袖，例如法国当年的戴高乐政党就是以他为主体。有些政党则为某一政策，例如联邦德国的绿党（Green Party）主要是为了反核战与保护环境，工党则是代表工人的利益。但是大多数的政党代表多数人的利益，不仅仅只代表着一个政策。政党在政府中的影响通常是经由其党员的参政体现的。因此，参政的党员越多，其政治影响力越大。

## 13.3 权力理论

功能学派相信社会是建立在人们的共同价值体系上的，因此政府的政策不会违背这种价值体系。例如：中国社会敬老，因此政府制订政策时会将老人的福利考虑在内。执行政策的法律更反映着社会的价值观；虽然，社会上价值体系的成分可能彼此有冲突矛盾，政治制度必然会设立政策来维护其中之一，压抑其他的，以试图将社会冲突降到最低点。

冲突论者并不采纳上述功论的观点，他们认为社会是由一群相互争夺资源、自私自利的人聚集而成。拥有较多资源者借其财富影响政治领袖、夺取权力以保护其本身的利益，甚至推翻任何不合作、不支持他们的领袖或政府。官商勾结，古今中外处处可见。所以从冲突论的立场来看，政治影响社会价值，而非功能论所说的社会价值影响政治。

由于观点上的差别，这两种理论对政治权力主宰者的看法也不一致。冲突论者对于当前美国权力结构的看法采用精英论（elite theory），而功能论者采用多元论（pluralist perspective）。

精英论的代表人物是美国社会学家米尔斯（C. Wright Mills）。他认为美国虽然号称民主，但是其政治的权力结构完全被一小群精英所把持，他称这一小群人为权力精英（power elite）。这群权力精英是由政界、军界、工商界以及大众传播等领域的最高级领袖所组成。这批精英有类似的社会经济地位、教育背景、宗教信仰与种族成分，而且都以维持保护精英的利益为首要任务。他们彼此交换职位，以免权力外流；他们决定国家大事，并经由大众传播告知群众，让人民相信他们的选择和做法是最适当合理的。根据米尔斯的看法，这批人真正主宰着美国政治和外交政策。

在这群权力精英之下是一批中介团体（go-betweens）。这批人包括：游说团体的说客、工会领袖、国会议员、地方士绅、知识界、政府顾问，还包括影剧界、体育界的知名人物等，他们为权力精英跑腿，为利益团体游说，试图影响这批政策制定者，并希望将来有机会能踏入权力圈。

精英论结构里最底层的是无权、无财的众多老百姓。这批人不但没有任何影响力，还受上层结构的控制；他们没有代表性的意识形态、没有组织、更无领导人物，完全无法与上层结构抗衡。米尔斯认为这是一群毫无希望的大众（mass），只能任由上层精英摆布。

米尔斯相信美国绝大多数的重要政策是由权力精英来决定，平常老百姓根本无机会参与意见。然而一批较保守的学者持不同的看法，他们认为美国仍是一个民主国家，并无所谓的权力精英决定政策。他们所持的是一种政治多元论，哈佛大学的雷斯曼（David Rieswan）为其代表人物。雷斯曼相信美国的政治是由大众百姓所控制，各个利益团体代表着不同的人民利益与兴趣，彼此相互监督、制衡；他们代表各种教育团体、医疗团体、宗教团体、工人团体，或各年龄团体的某种利益，试图游说和影响立法机构的政策制定。因此，没有任何一个人或团体能够单独控制或垄断决策的运作。一个利益团体或许会在某一项政策上有相当的影响力，在其他决策上却没有什么影响力。因此，利益团体的影响力要视论题来定。例如：医师公会有关医疗卫生方面的立法有相当程度的影响力，但是它在自由贸易政策的讨论上却起不了作用。所以，利益团体的影响力是有限的，而非无所不能。

事实上，在美国现代的政治情况下，精英论与多元论都有其解释的角度。虽然，利益团体仍然十分活跃，运用其影响力，但是权力逐渐集中的趋向相当明显。因此，不得不让人怀疑精英论的权力精英之运作是否正逐渐加强。目前，美国一般老百姓对政治有着疏离的无力感。有些美国人就认为布什总统攻打伊拉克的决策是权力精英运作的最佳例子。

政治体系与国家的经济发展密切相关。近年来，一批政治学家指出：国家是经济发展的最重要因素。这里的国家即指代表国家的政府，这项理论通常被称为国家论（state theory）。执此理论者相信一个强有力的政府是经济发展的必要条件，这种强有力的政府由一群有现代化眼光与现代化教育知识的政治精英所组成。他们团结一致，有高度的向心力，同心协力把国家推向经济发展的道路上。

国家论者指出在第二次世界大战以后，没有几个国家真正成功地发展了经济。唯一的例外是东亚的几个强权政治，例如韩国、日本、新加坡。这几个国家有一个共同点：它们都有一个强有力的政府。日本虽采用民主政体，其执政权一直掌握在自民党手中，其他政党只是陪衬而已。韩国和新加坡都是一党专政的强人政治，在推行经济计划上能相当顺利，创建了这几个国家的经济奇迹。

## 延伸阅读

彭怀恩，1995，《台湾发展的政治经济分析》，台北：风云论坛出版社
陈文俊主编，1996，《台湾的民主化：回归、检讨及展望》，高雄：中山大学政治学研究所
蔡明宪，1998，《台湾乡镇派系与政治变迁》，台北：洪叶文化事业公司
彭怀恩，2006，《当代政治学理论》，台北：风云论坛出版社
Domhoff, G. William（1998）*Who Rules America?* Mountain View, CA: Mayfield Publishing.
Markoff, John（1996）*Waves of Democracy.* Thousand Oaks, CA: Pine Forge Press.
Reiman, Jeffrey（1995）*The Rich Get Richer and the Poor Get Prison.* Boston: Allyn and Bacon.
Washburm, Philo C., ed.（1993）*Research in Political Sociology: A Research Annual.* Greenwich, CT: JAI Press.
Zuckerman, Alan S.（2005）*The Social Logic of Politics : Personal Networks as Contexts for Political Behavior.* Philadelphia : Temple University Press.

## 练习题

1. 县市长因其县市长的职位而拥有权力来执行政府所拟定的政策，这是_____。
   A. 正式的权力　　　B. 非正式的权力　　C. 公权力　　　　D. 法律

2. 政府政策的推展执行往往会受到利益团体或个人的关说而有所改变，这种关说就是一种影响力，是_____。
    A. 正式的权力    B. 非正式的权力    C. 公权力    D. 法律
3. 日本的天皇、英国的女皇、西班牙的国王都代表国家拥有权势，是依传统而承袭，所以是韦伯的_____。
    A. 传统权势    B. 理性权势    C. 神格权势    D. 非正式权势
4. 纳粹德国的希特勒等领袖，因为人们相信他们神化了的人格，服从他们，成为他们的信徒，并赋予权势，所以是韦伯的_____。
    A. 传统权势    B. 理性权势    C. 神格权势    D. 非正式权势
5. 经由个人的形象或号召力而获得，变成领袖人物所得的权势是韦伯的_____。
    A. 传统权势    B. 理性权势    C. 神格权势    D. 非正式权势
6. 县市长的权势有法律上的依据，哪些在其职权范围之内，怎么行使其职权等都有明文规定，不因县市长的人选而有所改变。所以是韦伯的_____。
    A. 传统权势    B. 理性权势    C. 神格权势    D. 非正式权势
7. 韦伯认为哪一种权势最不稳定和危险？
    A. 传统权势    B. 理性权势    C. 神格权势    D. 非正式权势
8. 韦伯认为哪一种权势最稳定、最理想？
    A. 传统权势    B. 理性权势    C. 神格权势    D. 非正式权势
9. 菲律宾、加纳、肯尼亚等国家都属于美国政治社会学者李普塞特的何种类型政府？
    A. A型政府是一种具有高度合法性与效率的国家
    B. B型政府是一种合法性低、效率却相当高的国家
    C. C型政府合法性高，但效率低
    D. D型政府既无合法性也无效率
10. 依据世界银行的分法，把世界分成三部分，其中未开发国家皆属于_____。
    A. 第一世界国家    B. 第二世界国家    C. 第三世界国家    D. 贫穷国家
11. 美国民主政体是一种_____。
    A. 直接民主政体         B. 代表制民主政体
    C. 联邦民主政体         D. 州代表制
12. _____是一种由政府来完全控制人民的政府。在这种政治里，政府控制人民的一切日常生活、思想、价值及行为准则，同时还控制经济发展和资源的分配。
    A. 极权政府    B. 专制政府    C. 民主政府    D. 寡头政府
13. 国家由一个人来统治，这个领导统治人物往往是一位军事强人，他个人的决定就是法令；他一个人可制订法律，全国人民在其统治下过日子，求生活。这是_____。
    A. 极权政府    B. 专制政府    C. 民主政府    D. 寡头政府
14. 权力精英论的代表人物是美国社会学家_____。
    A. 帕森斯    B. 米尔斯    C. 默顿    D. 米德

15. 游说团体的说客、工会领袖、国会议员、地方士绅、知识界、政府顾问,还包括影剧界、体育界的知名人物等在权力精英论里属于_____。
    A. 权力精英        B. 中介团体        C. 大众社会        D. 游说团体
16. 根据哈佛大学雷斯曼的看法,利益团体的影响力要视_____。
    A. 权力之有无来决定            B. 个人交游来定
    C. 论题来定                    D. 其人数来决定
17. 国家是经济发展的最重要因素,这里的国家即指代表国家的政府,这项理论通常被称为_____。
    A. 国家论        B. 外贸论        C. 外交论        D. 人文论

第十四章

# 集体行为

## 14.1 集体行为的特质

功能学派对社会秩序所持的主要观点是相信人们对社会的规范有遵从的意愿，由此，社会才能够维持延续下去，并使人与人之间的互动可以顺利推展。同时，功能派也不否认社会中仍有越轨行为者的存在，这些人行为的表达不按社会的要求、不遵循社会的规范。集体行为（collective behavior）是指一群人在特殊因素刺激影响下表现出一种集体性的行为行动。这群人并无严谨的组织，他们的行动往往与平常正规的社会规范有某种程度的差异。事实上，集体行为往往是一种越轨行为（deviant behavior）。

集体行为包括：革命、社会运动、暴动、舆论、聚众闹事、风靡时尚、谣言等。某些集体行为能维持相当长的一段时期，如革命、社会运动等；然而，大多数的集体行为都是短暂性的群众行为。集体行为通常具备两个相当显著的特征。

第一，它往往是现场突发的群众行为。由于受到某一种因素的刺激而爆发的集体行为或行动，特别是群众在情绪上受到彼此感染而爆发的。例如：欧洲、南美洲对足球的爱好几近疯狂；在球赛中，观众对球员的表现或裁判的判决感到不满时，常会引发集体的示威或攻击行为；还可能引发暴动，造成伤害或死亡。

集体行为的第二种特征是行为的越轨性及反常性。一般人由于受到社会规范的约束，其行为都会在某种程度的预测范围之内。但是在集体行为刺激因素下，人们可能会做出反常或意想不到的行为。这种行为的发生并不一定仅限于中下等社会，受过高等教育的知识分子在某种情绪下，受到某种刺激时也会忘了自己的身份、社会地位、教养等，就跟着大众做出反常的行为。就如足球场上观众的反常行为中，包括各式各样的观众，不论性别、年龄、教育程度或社会地位，都成为集体行为的参与者。

集体行为的主要成分是一群"群众"（crowd）。所谓群众系指聚集一处、相互感染情绪与相互影响行动的一群人；这些人的社会背景不尽相同，彼此间的组合并不严谨。社会学家指出，群众类型大约可以分为四种：

（1）**偶发型群众**（casual crowd） 指一群偶然聚集一处，彼此并无共同目的与组织的人群。例如：在车站等车的一群人，在戏院前等看电影的人群都是。他们只是偶然聚集一处，彼此不互动，各管各的，互不相关。

（2）**聚会型群众**（conventional crowd） 指一群较有组织并有行为规范的群众。例如：球场上的观众，壁垒分明，喊叫加油、欢呼等皆有一套行为规范。美国棒球比赛到第七局时，观众就会在音乐的引导下起身活动筋骨；参加音乐会的听众，在节目进行中不允许交头接耳、发表意见，更不准进出走动。这些都是聚会型群众的行为规范，可以说这是一群比较有秩序、有规则的群众。

（3）**情绪型群众**（expressive crowd） 指一群情绪高涨，又彼此相互感染的群众。他们往往受到某一个刺激因素的影响而聚集一起，而激发出群体的行动，例如：街头自救运动示威里的群众就是为表达个人对某件事不满的集体行动。同时，更希望经此行动而影响或感染更多人的参与，教堂里聚会崇拜时所聚集的人群、选举造势会上的群众都是这一类型的群众。

（4）**行动型群众**（acting crowd） 指一群具有暴动倾向的群众。他们不仅要以行动来感染他人，而且往往以暴力或违反社会规范的方式来表达他们心理上的挫折。例如：街头上的和平示威群众转变成暴民而打斗、抢掠等就是行动型群众。这种群众是最危险的，对社会的危害也最大。

社会学家把群众集体行为称为"空间接近的集体行为"（spatially proximate collective behaviors），指群众因聚集一处、相互感染而发的集体行动。这种群众型的集体行为，大体上可综合成下列几个重要的特征：

（1）群众中的成员有面对面的接触，而且有共同的目标或注意点，彼此间的互动频率相当高。

（2）群众中的成员彼此间并不一定相识，他们的行为往往与平时的行为不一样，是反常规的。

（3）群众中的成员很容易受煽动，彼此不了解对方的背景、真实姓名。只要有人提议采取某种行动，众人就会响应，因无后顾之忧。

（4）群众间互动频率高，易受感染；于是，集体行为的紧张程度因感染到每一个人而更加提升。

（5）群众紧张情绪高涨，于是，一些平时做不出的行动，在高昂的情绪下就都跟着大家做了。

群众一旦变成暴民（mobs），或引发暴动（riot）就会牵涉暴力，对社会有所破坏。

中国历史上的义和团事件就是行动型群众例子。

集体行为的主要成分除了群众之外,尚有"大众"(masses)及"公众"(publics)两种。大众和群众的不同是：在群众里,人们必须聚集一处,感觉到彼此的存在,具有空间上的接近。也就是说,群众的主要条件是一群人在同一时间出现在同一地点。大众的集体行为则不需要这种空间的接近,同聚一处。大众,是指一群在不同地点,彼此间无互动,却对某一刺激因素有相同反应的人们。例如：各处在电视机前观赏同一节目的观众,彼此互不相识,也无互动,却对该节目做出相同的反应,这就是大众行为。

至于公众,与大众行为类似,但是公众的成员因对某一因素或问题的特殊关心,由分散的状况进而彼此相互联络,一同来推动某种行动。所谓公众,实际上就是由一群背景特质相异、组织松散的人们,为谋求对某一特定问题事件深入研讨及解决对策而形成的。常见的"舆论"(public opinion)正代表一群公众对某一政策或问题的共同看法和意见。在台湾各式各样的民意调查十分普遍,这些调查结果不但影响商业经济活动,更显示对政坛人物、政府政策的制订都具有影响力。据社会学家观察,大众可转变成公众,也可演变成群众,甚至导致长期性的社会运动或革命。它们的形态并非一成不变。

集体行为里的群众行为可能是最受注目的,因为它具有突发性,也可能导致暴力行为,甚至发展到不可收拾的场面。然而,并非所有的集体行为都是那么明显与戏剧化。

谣言(rumors)是一种难以捉摸、可能造成严重伤害的集体行为。谣言是一种口口相传的未经证实的消息,其来源可能由一个人开始,也可能由大众传播媒体带头引起。虽然有些谣言可能始于事实,但有些则不然。无论如何,谣言都是未经证实的讯息。谣言一般有三个特征：谣言是由某一个人带头,而在人群中口头传递散布；谣言的内容并不全是假的,或全是错的,在传递过程中不一定有歪曲事实的现象；谣言的带头者与传递者并不一定是病态的,也不一定是故意要扰乱人心,他们可能把谣言当做真的消息传递。

宣传(propaganda)是一种与谣言相关的行动。它是一种故意以局部的、挑选的或者歪曲的想法或信息,来引导人们的想法和做法的一种手段。宣传者很少把一个事件的不同看法和想法介绍给听众,而以感情来煽动人们,不让人们有理智思考的机会。

## 14.2 集体行为理论

由于行动型群众的特殊性较受学者的注意,因而社会学与社会心理学对此类集体行为的理论较多。现举例如下:

### 感染论(contagion theory)

1895年由法国社会心理学家勒庞(Gustave Le Bon)最早提出的理论。感染论相信群众在集体行为发生时完全受主观力量的指引,失去其理智或求真的意志。引导群众行为的主要因素是本能的主观意念,而非经过思考的意念,是非理性的。

### 互动论(interaction perspective)

互动论强调在群众里,人与人之间的互动提高、加强了群众的反应。这个观点是符号互动论的主要代表人物布鲁默(Herbert Blumer)提出的,他相信当社会不稳定时会产生一种漩涡式的反应,在人与人的互动里逐渐加深对事件的情绪,而做出非理智性的、未经思考的、人云亦云的行为。例如,在行动群众里有人先喊"打!"就有人跟着喊,最后造成整个群众都喊打,跟着就真打起来了。

### 规范出现论(emergent norm perspective)

这一理论指出群众里的每一个成员并非都表现相同的行动。从外表看来,群众行为都是一致的。事实上,仍然有一部分人的行动异于大多数人,只是他们的行动被压抑、被忽略、不为人所知。规范出现论者认为群众成员因各人的规范不同而表现不同的行为。在暴动中,就可能引发出现一些新的行为规范。因此,群众行为为新的社会规范的出现提供了机会。

### 聚合论(convergence theory)

并不是社会上的每一个人都会受感染而失去理智做出异于常规的、不合情理的行为,聚合论者相信只有那种易受感染的人才会被感染。换句话说,集体行为里的群众或参与者都常有类似的性格特征,人以群分:什么样的人,会做什么样的行为。集体行为使这些人真正表露其潜在的意图。按照这种理论:参加暴动的往往是一群早已有违规记录的越轨行为者,例如游民、流氓或暴力成员。

## 游戏论（game perspective）

游戏论认为群众行为虽然乍看之下是无理智的,事实上,他们仍然是在寻求酬赏;正如人们平常的互动过程对酬赏的寻求一样:避免做可能受处罚的行为,尽可能做能获酬赏的行为。例如在暴动里,常看到有些人借机抢掠。人们明知这些行动在平常必然受罚,绝不会去做。但是在暴动时,因为社会控制力微弱,惩罚机会少,人们趁此而抢掠,不会受处罚,也就等于在这情况里获取酬赏。更何况,如此行动的人越多,受惩罚的机会就越少,这种寻求酬赏和避免受罚的游戏方式在集体行为里是常见的动机。

以上这些理论中,感染论、聚合论及游戏论都是比较偏向于心理方面的解释,规范出现论则是从社会结构的观点来看群众行为。这些理论的解释对象较偏向于偶发性的集体行为,特别是行动型的群众行为。

## 价值增值论（value-added theory）

此理论较偏重于长期性的大型集体行为,并试图把偶发的群众行为看成长期累积下来的行动,并用它来解释集体行为的成长过程与社会结构的关系。这是由美国社会学家斯梅尔赛（Neil J. Smelser）所提出的。价值增值论指出,一种集体行为的出现与否,其形态及其影响受下列六种因素的影响:

（1）**结构上的辅因**（structural conduciveness,又称结构性诱因） 结构上的辅因是指集体行为的环境因素,任何集体行为的产生在其结构上必须具有扮演催生剂的环境因素。例如没有超级市场的存在,就不会发生超级市场的抢购事件。超级市场就是该集体行为所发生的环境,也就是斯梅尔赛所称的结构上的辅因。

（2）**结构里的紧张**（structural strain） 指结构里的矛盾或短缺。有了环境因素,如果该环境没有缺失,不会有集体行为产生的机会。再以超级市场的抢购风潮为例:如果该超级市场货源充足,就不会有抢购的问题,这就是结构里没有紧张的状况。

（3）**通则性的信念**（a generalized belief,又称概化信念） 指人们具有共同的信念,一致相信问题的存在,并愿意共同设法解决该问题。人们相信该超级市场缺货,如果不抢着先买,到时没货了就没得买;如果真是无货供应,就真会发生示威抗议的行动。

（4）**催促因素**（precipitating factors,又称诱导性因素） 指突然发生的大事件,增加人们的愤怒，触发人们的集体抗议。大家按顺序排队等候超级市场开门来采购；然而，超级市场负责人宣布缺货，使得排队购物者买不到货而生气，冲突随之发生，这种缺货的宣布就是催促因素。

（5）**行动的动员**（mobilization for action） 指人们开始采取集体行为的时候，领导人物和群众组织就会随之产生。

（6）**社会控制的失败**（loss of social control，或称社会控制的消弱） 如果社会控制得有效，集体行为不会成气候。一旦社会控制失效，集体行为就会爆发。超级市场负责人见势立即道歉，并宣布货品即将运达，还将打个折扣，或报警来平息大众；否则，有人起哄最终会促成集体行为的爆发。

斯梅尔赛这个理论之所以被称为价值增值论，是因为以上六个因素中，前一因素的存在是下一因素发生的必备条件，价值逐渐增加到第六个因素时，集体行为才真正爆发。换句话说，按照斯梅尔赛理论，若1不存在，不会有2；若无1和2存在，不会有3发生，依此类推。斯梅尔赛这一理论比较适合于长期性的大型暴动或社会运动。它曾被用来分析历史上的几个革命和暴动。例如20世纪初俄国的革命可在该理论里找到诠释。

## 14.3 社会运动

社会运动是集体行为的一种类型，它的持续性与组织性是它与其他类型的集体行为最大的不同点。大致上所有的社会运动都具备以下三个基本条件：

（1）**社会运动是有目的和目标的** 群众行为是偶发事件，群众成员并无一定的目的和目标；社会运动是针对某种目标而定。斯梅尔赛把社会运动的目标分为两种：一种是针对社会规范的改革，是"规范取向社会运动"（norm-oriented social movement）；另一种是改变社会价值的"价值取向社会运动"（value-oriented social movement）。前者如劳工运动、妇女就业平等运动、反种族歧视运动等，皆是针对改变现有的规范、制度而生；后者则如反堕胎运动、人权运动、自强运动、新生活运动等，是为改变社会的价值体系而产生的社会运动。

（2）**社会运动是具有组织的** 由于社会运动的参与者有共同的目的和目标，因此其结构是有组织的。参与者积极推动运动，并有效地利用组织的力量以达成运动的目标。美国许多运动组织严谨，分布各州、各地区；组织内职责分明，分工合作，协调任务，以期社会运动的成功。台湾近年来的消费者保护运动的组织是十分完整的。

**（3）社会运动有其意识形态**　参与者在共同的意识形态下有其认同，在同一理念下共同推动社会运动。孙中山先生创立的兴中会和同盟会，其"反清"就是一种意识形态。妇女解放运动以妇女的受压迫为意识改变的目标。保守运动则以维持传统不变为其意识形态。

社会运动的分类很多，如依其目的则可分类成下列数种：

（1）**革命运动**（revolutionary movement）　全盘性的剧烈运动，以推翻现有制度为目的，例如共产主义革命。

（2）**改革运动**（reform movement）　以改变社会部分制度为目标，例如妇女运动。

（3）**保守运动**（conservative movement）　目的在于维护既有的制度与价值，例如反对修改宪政运动。

（4）**反动运动**（reactionary movement）　目的在于恢复旧有传统制度与价值，例如复古运动。

（5）**乌托邦运动**（utopian movement）　目的在于推动一个理想社会。

（6）**民族运动**（nationalist movement）　目的在于激发人民的爱国情操。

（7）**激进运动**（radical movement）　主张以暴力来达到改革或夺权的目的。

为什么会产生社会运动呢？这是学者们经常讨论的问题。有些学者指出，社会运动是给某些人一种满足个人愿望或弥补个人挫折的机会；换言之，社会运动是被人用来发泄不满的一种手段方式。人们的挫折与愤怒可经由社会运动的集体诉求来弥补。有些学者认为社会运动之所以发生，是因为社会结构里有紧张现象，如社会上的缺陷和问题。人们集体参与社会运动以试图改善社会问题。

一批学者认为如果一个团体希望改变社会的话，他们必须拥有大批的资源以推动其运动。这些资源包括人员、经费、大众传媒、工作总部，以及许多被使用的工具，如电话、计算机、传真机、复印机、文具、邮票等。其中最重要的资源是参与的人员，这是任何社会运动的灵魂所在。有了上述资源，社会运动才能成功地达成目的。这个观点被称之为资源动员论（resource mobilization theory）。

同时也有学者指出，社会运动往往是由一个或一群具有吸引力的神格领袖（charismatic leader）所引发的。这种领袖人物可以团结群众，拟订运动的目标，以及推展运动的实际行程。群众总是跟着领袖走，没有有效的领导人物，社会运动往往不能成气候。马丁·路德·金、毛泽东都是这类领袖，他们所领导的社会运动的确影响了人类历史。

社会运动由出现一直到停顿是有一套程序的，学者们把这个过程称之为社会运动的生命圈（life cycle）。社会学家布鲁默把社会运动的发展生命圈划分为四个主要阶段：

（1）**第一阶段是社会的不安稳**　在一个不安定的社会里，社会秩序会逐渐败坏，人们会有一种盲目、无所适从的感觉；一群少数的人会开始造谣、煽动，让人们不安，对现状更不满。

（2）**第二阶段是民众情绪高昂**　在这一阶段，社会的不安已逐渐成为公开的事实。人们彼此尽心讨论社会上的问题，试图找出解决的办法。原本分散的人们，经由领导人物的出现而组织起来。民众在急欲求解决的情绪下，在领导人物的指引下，提出一套想法及解决办法，并鼓励大家以集体的力量来改革社会。

（3）**第三阶段是组织阶段**　运动的正式组织结构开始出现，其目标、政策、方向、手段等都一一拟订。群众变得有组织、有纪律，为一个共同目标而努力，更试图以集体的力量来改变权力中心所制订的方案及政策。具有煽动性的神格领袖往往在这一阶段逐渐被有组织能力的领袖人物所取代。

（4）**第四阶段是制度化（institutionalization）阶段**　社会运动的目标已成为社会整体的一部分，一个长期性的组织可能成立以继续推动该运动。同时，由于运动的目标已达成，它所欲消除的可能在已建立的新社会制度里除去了。一个社会运动虽已完成，常常能引出另一个社会运动。

总而言之，社会运动是为了寻求或抗拒社会改革所引起的一种持续性的集体行为。一个具有高度整合性的社会，会有较少的集体行为，社会运动自然不会多。台湾在80年代社会运动颇为频繁，正代表着当时台湾社会的不安与社会问题的存在。炒股票、买彩券，以及各式各样的街头运动都代表人们在某些方面的挫折与不满。若延续不断，对社会秩序会有负面的影响。

## 延伸阅读

徐正光、宋文里编，1989，《台湾新兴社会运动》，台北：巨流图书股份有限公司
赖泽涵编，1994，《二二八事件研究报告》，台北：时报文化出版企业股份有限公司
蔡文辉，1997，《不悔集：简吉与日据时代农民运动》，台北：简吉陈何文教基金会
何明修，2005，《社会运动概论》，台北：三民书局
Davis, Gerald F.（2005）*Social Movements and Organization Theory.* New York: Cambridge University Press.

Marx, Gary T., and Douglas McAdam(1944)*Collective Behavior and Social Movements*. Englewood Cliffs, NJ: Prentice-Hall.

McAdam, Doug, John D. McCarthy, and Mayer N. Zald(1996)*Comparative Perspectives on Social Movements*. New York: Cambridge University Press.

Oberschall, Anthony(1993)*Social Movements: Ideologies, Interests, and Identities*. New Brunswick, NJ: Transaction Publishers.

## 练习题

1. _____是指一群人在某一特殊因素的刺激或影响下所表现出的集体性行动；这群人并无严谨的组织，他们的行动往往与平常正规的社会规范有某种程度的差异。

  A. 社会规范  B. 集体行为  C. 社会运动  D. 失范

2. 欧洲、南美洲对足球的爱好几近疯狂；在球赛中，观众对球员的表现或裁判的判决感到不满时，常会引发集体的示威或攻击行为，还会激发暴动，造成伤害或死亡。社会学称此为_____。

  A. 社会规范  B. 集体行为  C. 社会运动  D. 失范

3. _____指一群聚集一处，相互感染情绪与相互影响彼此行为的人；这些人的社会背景可能并不相同，彼此间并无严密的组织。

  A. 团体  B. 暴民  C. 群众  D. 越轨者

4. 在车站等车的一群人，电影院前的人群都是_____。

  A. 偶发型群众  B. 情绪性群众  C. 聚会型群众  D. 行动型群众

5. 教会里教徒的聚会崇拜场合所聚集的人群是_____。

  A. 偶发型群众  B. 情绪性群众  C. 聚会型群众  D. 行动型群众

6. 最危险的，对社会的危害也最大的是_____。

  A. 偶发型群众  B. 情绪性群众  C. 聚会型群众  D. 行动型群众

7. 中国历史上的义和团事件是_____例子。

  A. 偶发型群众  B. 情绪性群众  C. 聚会型群众  D. 行动型群众

8. 城管人员粗暴执法车轧老人的实况录像转播，全国各地的观众都有同样的感受，而且各处报纸杂志发表其意见，谴责这种不人道的暴行。这是集体行为里的_____。

  A. 大众行为  B. 情绪性群众  C. 公众行为  D. 行动型群众

9. 近年来，台湾各式各样的民意调查十分普遍，这些不但影响商业活动，更显示对政坛人物、政府政策的制订具有影响力，这属于_____。

  A. 大众行为  B. 情绪性群众  C. 公众行为  D. 行动型群众

10. _____是一种口口相传的未经证实的消息，其来源可能由一个人开始，也可能由大众传播媒体带头引起。

  A. 谣言  B. 空言  C. 宣传  D. 偏见

11. _____相信群众在集体行为发生时完全受主观力量的指引，失去其理智或求真的意志。本能的主观意念是引导群众行为的主要因素，而非理性的、经过思考的。
    A. 感染论　　　　B. 互动论　　　　C. 规范出现论　　　D. 冲突论
12. _____认为集体行为里的群众或参与者都有类似的性格特征，人以群分；什么样的人，会做什么样的行为。
    A. 感染论　　　　B. 互动论　　　　C. 规范出现论　　　D. 聚合论
13. 价值增值论是由美国社会学家_____所提出的。
    A. 斯梅尔赛　　　B. 帕森斯　　　　C. 默顿　　　　　　D. 戴维斯
14. 价值增值论认为真正的集体行为发生在哪一阶段？
    A. 通则性的信念阶段　　　　　　　B. 催促因素阶段
    C. 行动的动员阶段　　　　　　　　D. 社会控制的阶段
15. 劳工运动、妇女就业平等运动、反种族歧视运动等属于哪一类社会运动？
    A. 规范取向社会运动　　　　　　　B. 价值取向社会运动
    C. 公正取向社会运动　　　　　　　D. 政治取向社会运动
16. 反堕胎运动、人权运动、自强运动、新生活运动等属于哪一类社会运动？
    A. 规范取向社会运动　　　　　　　B. 价值取向社会运动
    C. 公正取向社会运动　　　　　　　D. 政治取向社会运动
17. 复古运动的目的在于恢复旧有传统制度与价值是一种_____。
    A. 革命运动　　　B. 改革运动　　　C. 反动运动　　　　D. 保守运动
18. 以改变社会部分制度为目标的社会运动是_____。
    A. 革命运动　　　B. 改革运动　　　C. 反动运动　　　　D. 保守运动
19. 选举造势会上的人群都是_____。
    A. 偶发型群众　　B. 情绪性群众　　C. 聚会型群众　　　D. 行动型群众

第十五章

# 人口现象与城市社区

## 15.1 人口资料

人口（population）是指在某一时间内居住在同一地区的人的总数。社会学的研究主题是社会结构里人的社会互动，人口现象对社会所带来的影响自然成为社会学家所关注的研究题目。

社会学家认为人口的多少、密度及增减都对社会结构有影响；一个人口众多的社会，其社会结构总是比较复杂。中国现有13亿上下的人口，其社会结构自然比一个只有几万人的小国要复杂得多。历史学家指出古代中国之所以发展成那么庞大的官僚体系帝国，就是因为中国人口众多，需要一个庞大的组织来协调人民的需求。

人口密度（population density）是指人口在特定地区内密集分布的状况。城市地区人口密度大，人与人之间互动机会多，发生摩擦的可能性自然要大于一个地广人稀的乡村地区。台北市由于人口密度太高，产生许多社会问题，例如垃圾问题、停车车位问题、公园绿地问题及交通阻塞问题等，这些都不是偏远乡村地区所会遭遇到的。

人口的增减是指人口数量增加或减少的现象。一个社会的人口增加时，社会就必须调整其制度、组织来应付新增的人口。例如美国在第二次世界大战后曾出现一阵"婴儿潮"（baby boomers），即指在1946年至1964年间出生的人。这些新生的人口，在后来的20年间造成了学校需求量的增加，以及而后的就业问题，到21世纪以后更会给社会带来严重的老人问题。相对地，人口减少也可能带来社会变迁，它不但会使劳工减少，同时也会减少消费者，商业市场结构的相应改变自不在话下。

人口研究一直是社会学研究的主要部分，现在更有一门专门研究人口现象的学科叫人口学（demography）。人口学的主要研究对象包括人口组成及人口变迁，这些研究都依赖人口资料的搜集。人口资料的来源大致有三类：

## 人口普查资料（census data）

第一种是人口普查资料，这是对人口在某一时间内的统计数字。由古代的埃及、罗马，以至当代的美国及世界上大多数的发达国家，皆常常定期举行人口普查以搜集人口资料，作为政府税收、募工、征兵的依据。先进民主国家更以此为国家建设政策的凭据。美国根据宪法，每十年举行一次人口普查，正式的普查始自1790年。政府依人口普查资料来决定联邦政府税收对各州、市、郡的分配，以及各州联邦众议会议员代表人数及其代表区域划分等。

在2000年的美国人口普查表中，每户需要回答一些问题，例如户主、家庭成员及同居人的姓名、性别、年龄、出生年月日、种族，以及与户主之间的关系等。除了最基本的普查问卷外，还有六分之一的住户收到较复杂的问卷，以获取更多的资料。美国人口普查局还做一些定期或不定期的辅助调查，所牵涉的主题，包括住宅、农业、生产、工厂、交通、职业、就业、失业等方面。这些特定主题调查通常是以抽样方式获取资料来代表全美人民。

中国大陆在1990年曾举办过人口普查，当时人口数达11.4亿。2000年11月1日起展开为期十天的另一次全面人口普查，人口数达12.6亿。

## 人口统计（vital statistics）

第二种人口学家常用来做研究依据的资料，是所谓人口统计。这是一种政府对人民的出生、死亡、结婚或离婚等的文书记录。现代国家对人民的出生、死亡、结婚或离婚等都有一套登记手续。出生有出生证明，死亡要开死亡证明，结婚有结婚证书，离婚有法院公证的文件，这些记录往往就可以被用来做人口现象方面的研究分析。由于人口统计是长年的资料搜集，又有动态资料（不只是人头的计算），常能补人口普查数据的不足。

## 抽样调查（sampling survey）

第三种人口研究资料来自特定问卷的抽样调查。上述两种人口资料虽能被引用做人口现象的分析，但是它们搜集的目的本不在于研究分析；如欲做特定问题的研究则可由研究者设计问卷做抽样调查。如此，不论是分析社会层面或心理层面的人口现象或人口问题，都能经由抽样来探究整个社会。

目前，人口学的资料和分析用途很广，政府的政策方针往往依据人口现象来策划；同时民间的保险业、生产与消费者也需要考虑到人口的因素，特别在人口结构和人口预测方面。

## 15.2 人口现象

人口学对人口现象的研究，除了人口数目以外，大致上着重在人口组成和人口增长两种现象。

从历史的角度来看，人类在地球上的人口在17世纪以前，大约是维持一种小幅度的高低起伏增减状态；17世纪以后，开始有明显的增加；到了20世纪，其增加速度更快。图15-1简单表明这种历史变迁。

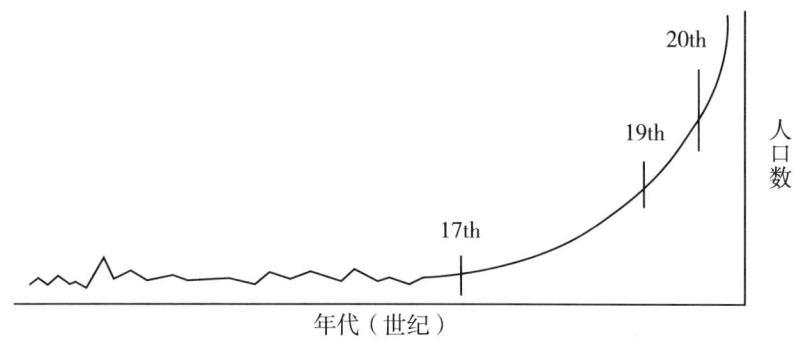

图15-1　历史上世界人口的增长

### 人口转型（demographic transition）

人口学家提出一个人口转型的概念，以出生率及死亡率间的关系来解释人口成长的转型过程。人口转型指出社会人口早期的平衡（增长率小，几乎等于零）是由于高出生率及高死亡率（例如17世纪以前，或目前的一些欠发达国家）。在人口转型的第二阶段，由于卫生医疗知识、设备的进步，造成死亡率的急遽下降，而出生率仍然维持居高不下，造成人口爆炸现象（例如17世纪至20世纪中叶，甚至目前一些发展中国家）。到了第三阶段，由于观念、价值的改变促使生育率随之下降，而使社会人口增长又趋于缓慢和平衡（例如现代的发达国家）。这种由高出生率、高死亡率的平衡转变到低出生率、低死亡率的新平衡过程为人口转型。以图15-2表示如下：

由人口统计数字来看，世界人口在公元元年约只有2亿人，到1650年有5亿，第一个10亿人口约在1850年左右达到，第三个10亿人口出生于20世纪60年代，1999年已有60亿了。世界人口的增长是最近两三个世纪的事，而急速的增加是

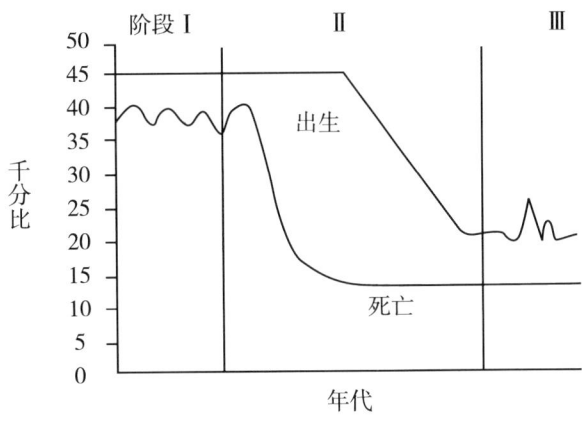

图 15-2　人口转型

在20世纪的后叶；实因大多数发展中国家正经历着人口转型的第二阶段。

根据美国人口普查局（U.S. Census Bureau）的计算，2006年2月25日全世界人口已突破65亿，是1900年的4倍。目前地球上平均每秒出生4.4人，这样的增长率是前所未有的，估计未来仍会有一段时日有增无减。由于欧洲人口正经历人口转型的第三阶段，其人口已在减少；如上述大多数发展中国家正经历人口转型的第二阶段，还会继续几十年。

估计2005年，世界人口第一大国中国人口达13.06亿，其次是印度的10.8亿，第三位至第十位依次排列是美国（2.96亿）、印尼（2.42亿）、巴西（1.86亿）、巴基斯坦（1.62亿）、孟加拉（1.44亿）、俄罗斯（1.43亿）、尼日利亚（1.29亿），以及日本（1.27亿）。这10个国家亚洲占了6位，亚洲人口占全球总人口的一半。

## 人口组成（population composition）

人口组成（population composition）是人口研究中的一个大主题，它在于探究能影响人口增长的性别组成及年龄组成。性别组成是指男女两性在人口里的分配情形，一种常用的性别指数是男女的性别比率（sex ratio），这是指每100名妇女的相对男性数目。例如：台湾地区在2004年的性别比率是103.5，这是指每100名妇女，相对有103.5名男性。性别比率常因社会因素而有所差别。由于迁移男女人数不一，促使城市、乡村的性别比率相差较大；年龄因素更能影响性别比率，由于男女死亡率的不一致，使得同年龄的男女人口也有差别，年龄越大，女性人口越多，性别比率随年龄的增长而降低。

年龄组成通常是指人口中各年龄组在总人口的分布情形,有两个常用的指数来代表年龄的组成:一个是年龄中数(median age),人口分布被年龄中数划分成二,一半人口年长于此年龄中数,一半人口年幼于此。社会的年龄中数越大,其人口的老龄化程度越高。早期社会的高出生率及高死亡率,年龄中数通常都低,人口较年轻;一旦死亡率下降,生存年岁增长,再加上随后的生育减少,都使年龄中数增加。这种现象可以从当代社会中的欠发达国家及发达国家资料中发现:当一个社会由欠发达进步到发达的工业社会,其年龄中数自然提升。

年龄组成的另一个指针是经济生产年龄(economically productive age)和依赖年龄(dependent age)人口的计算。通常,经济生产年龄是指15岁至64岁之间的人口,这一部分人口被视为有劳动能力,能就业生产;而14岁以下尚未进入劳动力市场,及65岁以上已退出劳动市场的,都是无经济生产能力的依赖人口。依经济学者的看法:经济生产年龄组的人口多对经济才有利,否则依赖人口所造成的负担可能会阻碍社会的经济成长。中国大陆所推行的计划生育政策就是试图以此减少年轻的经济依赖人口;部分大陆学者及政策制订者认为,中国大陆经济一直不能起飞的主要原因是人口众多,国家的资源都填到庞大的中国人肚子里去了。

将人口组成中的性别及年龄组成联系起来观察,把男女分开,分年龄组(通常以五年为一组)绘制成图则其形如金字塔:年纪轻的人口众多是为金字塔下部的基;由于年龄增长,人数渐渐缩小,图形也由下向上逐步变窄;是所谓的人口金字塔(population pyramid),如图15-3为撒哈拉南部非洲在20世纪90年代中期依性别和年龄的人口组成金字塔图形。

人口金字塔是依男女性别、年龄的分配来绘制的。在发展中国家,由于高出生率,其人口组成确实像金字塔,有个庞大的下部,逐渐向上缩小;但在发达国家,死亡率早已较低、生育率也随后降低、高龄老人日渐增加,人口组成的图形已不再具宽大的底部,甚至成长方柱的现象,实在已不像金字塔了。一般来说,社会中男女人口的分配大体上是相对的;如无特殊因素,男女人数、性别比率差别不大。由于女性活得较长,老年人中男性人口较少,性别比率就较低;而且,年龄越长,性别比率越低。某些社会有杀女婴的现象,于是男性人数较一般为高,其性别比率也会较高。

## 人口增长(population growth)

人口增长是人口学里另一研究主题,主要探究人口的增长、减少。这个问题包括人口的生育(fertility)、死亡(mortality)及迁徙(migration)等。人口学

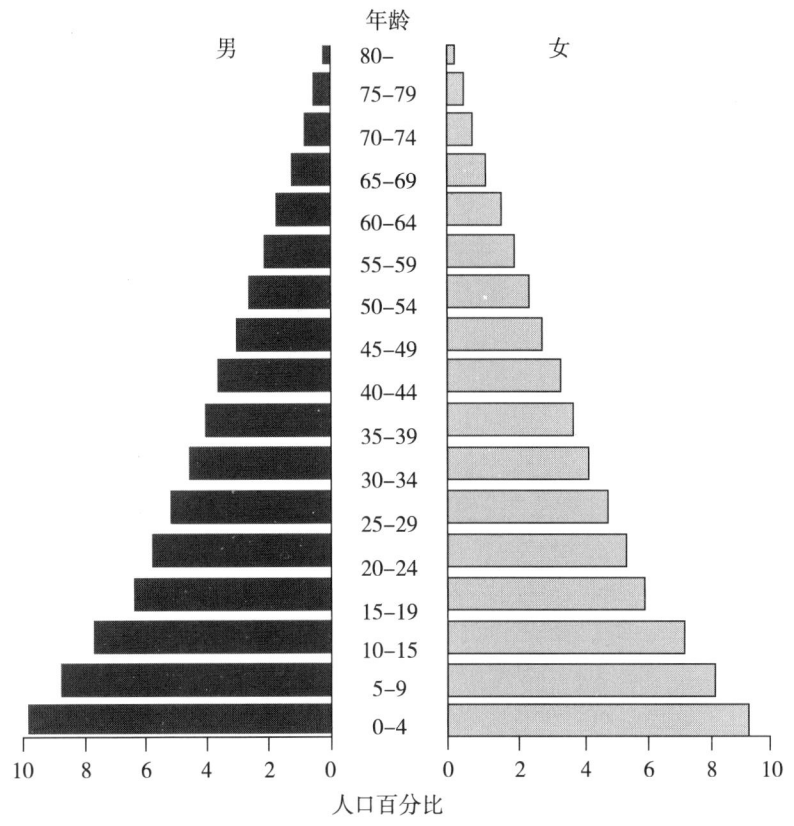

图15-3　人口金字塔

家称前两个因素所造成的人口增长为自然增长（natural growth）；由迁徙所造成的人口增长为社会增长（social growth）。此处所谓的增长包括正负的增长，如果增长值是负数，实际上人口是在减少。自然增长涉及出生（birth）及死亡（death）。最基本的人口学计算方式是以1000人为基数的毛出生率（crude birth rate）及毛死亡率（crude death rate）：

$$毛出生率 = 某年出生人数 \div 年中人口数 \times 1000$$
$$毛死亡率 = 某年死亡人数 \div 年中人口数 \times 1000$$

　　毛出生率减去毛死亡率就是该社会当年的自然增长率。根据2003年的资料，中国大陆的毛出生率是13，毛死亡率是6；其自然增长率是7‰。美国则分别是14.3、8.8及5.5。其他如日本、法国增长率为2‰：日本出生、死亡率是10.5、

8.1，法国是11.4、9.2。许多国家的自然增长率很高，例如：印度（25.4、8.5及16.9）、尼日尔（52.3、22.8及29.5）；有些则呈负自然增长率，例如：德国（8.7、10.8及2.1）、拉脱维亚（8.1、15.8及7.7）。就1999年整个世界的估计，出生率22.0，死亡率9.0，自然增长率13‰。

在研究生育现象时，常将重点放在女性人口，而非总人口上。在人口学中，妇女在15岁到44岁之间被视为生育年龄，对生育的研究只以生育年龄的妇女为对象。例如：一般生育率（general fertility rate）指某年每千名生育年龄妇女所生的婴儿比率；又如总生育率（total fertility rate）指依照某年的生育率算出每一妇女经历30年（15—44岁）的生育年龄平均所生的子女数。

在研究死亡现象时，除了毛死亡率外，还有一些更详尽的指标。例如：（1）年龄别死亡率（age specific death rate），通常依五年为一组来计算每千人中的死亡率。（2）婴儿死亡率（infant mortality rate），指每千名出生婴儿中在未满周岁前死亡的比率。（3）预期寿命（life expectancy），指一个人在当年死亡率的情况下能存活多少年，预期寿命可由出生的零岁算存活年数，也可由任何年纪算其预期寿命。

上述死亡现象的指标通常与社会、医疗等方面的进步有直接关联；社会各方面越进步，死亡率越低，预期寿命越高。欠发达国家的自然增长率往往比发达国家要高，主要原因是近半个世纪以来，欠发达国家或发展中国家的生育率居高，而死亡率则开始下降。因此，高出生率与低死亡率的结果乃造成人口的急速增加，这种现象在发展中国家最为明显。

社会增长所牵涉的是迁徙，迁徙包括迁入的和迁出的人口（immigrate vs emigrate）。当迁入多于迁出时，则其社会增长是正值；反之，则为负值。世界上部分发达国家，例如美国及欧洲先进国家，具有正的社会增长，占其人口增长的一部分。就整个世界来说，所有的迁徙都是内部的迁移，无所谓社会增长。

人口增长主要来自出生与死亡两者差距的自然增长，控制人口的增长都着重在生育的控制。英国哲学家马尔萨斯（Rev. Thomas Robert Malthus）在18世纪末期就曾呼吁重视控制人口的自然增长。马尔萨斯指出世界人口的增长比粮食的供应来得快。他声称粮食的增加依一种算数级数（1、2、3、4等的等级增加），而人口的扩张则基于几何级数（1、2、4、8等的倍数增加）。根据他的分析，食粮供应及人口间的差距会随时间而继续加大；即使粮食的供应会增加，却赶不上世界人口扩张的需求。人口的控制大体上有两种方式：一是晚婚、禁欲、节育、避孕、堕胎等方式来缓慢地减少生育的机会，即所谓的消极检视（negative checks），是预防性的；一是饥荒、传染病、战争等有效的、短期间内减少人口，是所谓积极检视（positive checks），能立即见到效果。

马尔萨斯建议以人口控制来减少世界人口及粮食供应间的差距，然而他明确反对人为方式的生育控制，或任何积极检视方法。对马尔萨斯而言，最适当的人口控制方式是晚婚，以减少可能生育的年数；他认为结婚夫妇应对其所决定生育的子女数加以负责，若不如此，世界将面临饥荒、贫穷和苦难。

马克思强烈地批评马尔萨斯的人口观点：马克思认为在欧洲工业社会里经济关系的本质才是问题的关键；社会的弊病（social ills）不是由于世界人口的增长，而是出于资本主义社会分配的不均。依马克思的看法，世界人口数量与资源的供应（包括粮食）并无特殊的关系。如果一个社会一切都是有秩序的，人口的增长能使社会更富裕，便不会带来饥荒和苦难。

将马尔萨斯和马克思对人口问题的观点融合便是目前所谓的新马尔萨斯观点（neo-Malthusian View），持此观点的代表人物是埃里克（Paul Ehrlich）等人。他们指出，世界人口爆炸（population explosion）会导致自然环境的破坏，人口的增长一定得靠人为方式的生育控制。同时也指出，工业国家虽然生育率低，其人口所占比率不多，却耗用了绝大部分的自然资源。这些学者认为不仅控制生育是控制人口增长的最基本方式，有效的运用资源也同样重要。目前，世界许多国家都采用某种方式的家庭计划（family planning）及环保政策以维护人类所居住的地球。

## 15.3 城市社区

城市社区（urban community）在现代社会里扮演着一个相当重要的角色。在传统的古老社会里，就出现了很多著名的大城市，例如：罗马帝国时代的罗马，希腊文明里的雅典，中国的长安、洛阳和开封等。城市社会学家相信，传统城市（city）得以出现的两个主要因素是：

（1）社会能生产粮食超过所需，所谓社会剩余（social surplus），这些剩余的食物足以供应一批不需靠从事农业生产以维生的人们。

（2）社会需要一种超越家庭的新组织，来统一分配和运输剩余物资，以及其他生活必需品。这些人居住的地区就成为城市的开始。古代的传统城市主要是政治或军事中心，住在城里的居民不生产粮食，必须仰赖农村居民供应其所需。

工业革命以后，人口有逐渐集中于城市的趋势，在第二次世界大战以后更是如此。城市化（urbanization）指人口由乡村迁移至城市，或由小城镇集中到大城

市的过程。城市之所以吸引人们集中的主要原因大致包括:

(1) 城市里的就业机会多,工厂及服务业大多集中于城市或其郊区。

(2) 城市里的各种公共设施要比乡村来得齐全,生活较方便。

(3) 城市里的人往往有较高的收入,相等的职位在城市里通常会获得较高的酬赏。

(4) 住在城市成为城市人,似乎成为一种较高社会地位的象征。

城市化是现代化、工业化及迁徙的一个象征。它也表明社会环境、政治组织、分工等的转型。同时,尤其在发展中国家,城市化更代表着各类的挑战:贫穷、犯罪、疾病传染、废物处理、社会服务等等。据估计,20世纪20年代世界人口仅约14%居住在城市地区(urban area),到90年代中期已增至45%左右,预计在2025年每10个人就有6个住在城市地区。20世纪初期,只有英国可称得上是城市化的国家;2003年英国的城市人口(urban population)占全人口的90%,除了中国香港或城市国家如新加坡外,仍是最高的。21世纪初,城市人口在北美洲达70%,欧洲各国也大都高于60%,其他地区,除了一些国家如澳大利亚、新西兰、日本、韩国,以及城市国家等,仍不及三分之一。其他如美国的城市人口资料也显示其逐渐增长的趋势:1790年约5%,1870年内战后约25.7%,1920年第一次世界大战后约51.2%,1995年已达约76.2%,2000年后就超过了79%。

美国对城市(urban)的定义是一个有2500人以上居住的地区,但是这个定义太简单。目前,人口普查局用的指导单位是都会区(metropolitan statistical area,MSA),包括一个至少5万人以上的大城市及其周围的附属城镇郊区。都会区的出现,通常是因为一个主要的工商业城市的向外扩展,而并吞周围的小城市和乡镇,经由交通系统、区域计划、水电供输系统及行政体系的串联,使城市及其周围的小城镇形成一个息息相关的地理区域。

都会区人口超过100万的被称为大都会区(primary MSA);当两个或两个以上的都会区在地理上连接在一起,其人口超过100万的被称为联合都会区(consolidated MSA,即CMSA);有时联合都会区常包括数个都会区,人口常超过数百万甚至上千万,这就是所谓的特大都会(megalopolis)。特大都会区如:加州中部旧金山湾区,中部由克里夫兰向西到芝加哥地区,佛罗里达州东岸,以及南北长达约500里的东北走廊。东北走廊是由北边的波士顿,经康州、罗得岛、纽约市,南下经新泽西州、费城、达拉威州、马里兰州到首都华盛顿大都会区及弗吉尼亚州。这个叫波士华(Boswash)的特大都会区拥有全美1/6的人口,还包括美国的文化、政治及金融中心,是当今世界上最大也最具影响力的特大都会。

目前，美国最大的联合都会区是纽约及其周围的长岛、康涅狄格州西部、新泽西州、宾夕法尼亚州东部，共计人口超过2100万。其次是加州南部，包括洛杉矶、长堤、橘县、河滨县，其人口总数超过1600万。

为了适应近年来城市形态的发展，美国人口普查局（The U.S. Census Bureau）最近插增了一个都会社区的单位：小型都会区（micropolitan statistical areas），用来代表新增的许多有1万至5万人口的城市及其市郊社区。也新增加了所谓的核心统计区（core based statistical area），包括5万以上人口的都会区（MSAs）及小型都会区。2005年，美国共有362个都会区及560个小型都会区。

人口的城市化是事实，然而都会区的形成也造成了郊区化（suburbanization）的现象，人们除了由乡村地区移往城市，也由大城市迁往郊区小城镇，使城市化的发展不仅造成大城市，也造成了大都会地区。这个现象不仅发生在美国或其他发达国家，在发展中国家亦是一样。郊区化形成的主要原因是人们觉得大城市太拥挤、脏乱、紧张及高犯罪率，再加上市中心地区土地、房屋皆相当得昂贵；因此人们迁往离市区不远的郊区，享受较好的生活品质，拥有较舒适的空间，享有较低的犯罪率。同时，由于交通的方便，人们一样可以在城市工作讨生活，享受城市的文化休闲设施。

社会学家对城市结构的理论观点大致上有三种：

（1）**同心圆论**（concentric zone theory） 最早的一种是芝加哥大学的伯吉斯（E. W. Burgess）所提出的"同心圆论"。这是他依据芝加哥城的历史发展而提出的一个理论，认为城市有一个共同的中心地带，由此中心地带向外等速延伸。最里面的中心区是"商业中心地带"（central business zone），紧接着的外层是第二个同心圆的"过渡地带"（zone in transition），有制造业、工厂及低产阶级聚居区；再向外的同心圆包括"劳工住宅区"（zone of workingmen's homes）、"住宅区"（residential zone），为中产阶级住宅区；再向外就是"通勤者区"（commuter zone），属于真正郊区，是中上阶层人家的住宅。

（2）**扇形论**（sector model） 霍伊特（Homer Hoyt）根据针对142个美国城市的研究，提出修正伯吉斯的理论。他虽然同意有一个中心商业地带，但是霍伊特指出向外延伸发展的速度并不一致。有些地区发展得快，有些则慢，有些成扇形发展，有些成半圆形，并不是一圈圈地向外发展，即所谓的"扇形论"。

（3）**多核心论**（multiple nuclear model） 第三个理论是哈利斯和乌曼（C. D. Harris and E. L. Ullman）共同提出的"多核心论"。社区的发展根据社区的人文需要及社区的地理条件，而使许多不同的核心随之发展出一个或数个商业地区、制造业地区、港口水域区、娱乐区及各等级的住宅区等。美国郊区的室内购物中心是多核心论的一个证明；最近所兴起的所谓边缘城市（edge city）也是一个明显的例子。都会地区的外缘所兴起的城市，拥有自己的金融中心、医疗设施、娱乐场所、办公大楼，以及本身的政府体系，也有足够的人口成为一个都会区，只是处于大都会的郊区而成为许多核心中的一个。

中国台湾地区因地小人多，城市与郊区的界限并不很清晰。扇形论比较适合台湾的环境。近年来，由于公路网的形成大大改变了城市、郊区、乡村之间的关系。城市的生活方式也改变了所有台湾人的生活方式。三四十年前由乡下到城里是一件大事，现在则是很平常的事。何况繁华的台北也已不再是人人向往的唯一城市。高雄市及其他中型城市的兴起，大大减少了城乡间的差距。

## 延伸阅读

蔡勇美、郭文雄，1984，《都市社会学》，台北：巨流图书股份有限公司
内政部，1986，《台闽地区人口统计》，台北："内政部"
蔡宏进、廖正宏，1987，《人口学》，台北：巨流图书股份有限公司
陈肇男，2003，《台湾的人口奇迹》，台北：联经出版事业公司
林益厚，2004，《人口与都市发展》，台北：詹氏书局
Binnie, Jon（2006）*Cosmopolitan Urbanism*. New York: Routledge.
Ehrlich, Paul R., and Anne H. Ehrlich（1990）*The Population Explosion*. New York: Simon & Schuster.
Harper, Charles L.（1995）*Environment and Society: Social Perspectives on Environmental Issues and Problems*. Englewood Cliffs, NJ: Prentice-Hall.
Kolkin, Joel（2005）*The City: A Global History*. New York: Modern Library.
Martin, W. Allen（2004）*The Urban Communities*. Uppr Saddle River, NJ: Prentice-Hall.
Phillips, E. Barbara（1995）*City Lights: Urban-Suburan Life in a Global Society*. New York: Oxford University Press.

## 练习题

1. _____ 是指人口在一特定地区内密集分布的状况。
   A. 人口密度　　　B. 人口结构　　　C. 人口组成　　　D. 人口增长

2. 美国的"婴儿潮",是指出生在_____。
   A. 1946 年至 1964 年间的人　　　B. 1940 年至 1960 年间的人
   C. 1940 年以前的人　　　　　　　D. 1960 年以后的人
3. 专门研究人口现象的学科叫做_____。
   A. 社区学　　　B. 人口学　　　C. 人类学　　　D. 人种学
4. 根据宪法,美国每几年举行一次人口普查?
   A. 5 年　　　B. 10 年　　　C. 50 年　　　D. 100 年
5. 美国正式的普查始自_____。
   A. 1776 年　　　B. 1790 年　　　C. 1886 年　　　D. 1890 年
6. 从历史的角度来看,人类在世界上的人口在_____以前,大约维持一种小幅度的高低起伏增减状态。以后,开始有明显的增加。
   A. 15 世纪　　　B. 16 世纪　　　C. 17 世纪　　　D. 18 世纪
7. 一种由高出生率、高死亡率的人口平衡转变到低出生率、低死亡率的新平衡过程为_____。
   A. 人口增长　　　B. 人口转型　　　C. 人口密度　　　D. 人口统计
8. 在人口转型的哪一阶段,由于卫生医疗知识、设备的进步,造成死亡率的急剧下降,而出生率仍然维持居高不下,造成人口爆炸现象?
   A. 第一阶段　　　B. 第二阶段　　　C. 第三阶段　　　D. 第四阶段
9. 人口转型论相信新的人口平衡可由_____。
   A. 高出生率和高死亡率　　　B. 高出生率和低死亡率
   C. 低出生率和高死亡率　　　D. 低出生率和低死亡率
10. 中国的人口目前已达_____。
    A. 高出生率和高死亡率　　　B. 高出生率和低死亡率
    C. 低出生率和高死亡率　　　D. 低出生率和低死亡率
11. 哪一年世界人口首次达到第一个十亿人口?
    A. 1750　　　B. 1800　　　C. 1850　　　D. 1900
12. 某地区在 1997 年的性别比率是 105.5,这是指_____。
    A. 每 100 名妇女,相对地有 105.5 名男性
    B. 每 100 名男性,相对地有 105.5 名女性
    C. 每 100 名妇女生有 105.5 名婴儿
    D. 男女皆为 105 人
13. 人口数被划分成二,一半人口高于此年龄,一半人口低于它。这一划分点被称为_____。
    A. 年龄中数　　　B. 平均寿命　　　C. 平均年龄　　　D. 平均人口
14. 人口金字塔主要包括_____。
    A. 年龄和性别　　　B. 教育和职业　　　C. 出生和死亡　　　D. 婚姻和离婚

15. 人口的生育和死亡比较后多余的人数，人口学家称为_____。
    A. 自然增长    B. 社会增长    C. 剩余人口    D. 增长人数
16. 某年每千名15岁至44岁妇女所生的婴儿比率是_____。
    A. 毛出生率    B. 总生育率    C. 一般生育率    D. 细出生率
17. 英国哲学家马尔萨斯指出世界人口的增长比粮食的供应来得快；他称人口的扩张则基于_____增加。
    A. 算术级数    B. 几何级数    C. 对比级数    D. 等级数
18. 人口由乡村迁移至城市，或由小城镇集中到大城市的过程被称为_____。
    A. 郊区化    B. 城市化    C. 社区化    D. 社会化
19. 芝加哥大学伯吉斯依据芝加哥发展历史提出一个理论，认为城市有一个共同的中心地带，然后由此中心地带向外等速延伸。这一理论是_____。
    A. 同心圆论    B. 多核心论    C. 扇形论    D. 延续论

# 第十六章

# 社会变迁：理论与对策

## 16.1 社会变迁的性质

社会学家相信一个社会必须要有秩序与稳定才能存在延续下去。但这并非说,社会就不要变。相反地,社会必须时常调整其组织结构,才能应付环境的新挑战。功能论者认为这种调整就是社会变迁。冲突论者则更直爽地说,社会无时无刻不在变,而且变化幅度也相当大。社会秩序和社会变迁的研究从孔德的静态社会(social static)和动态社会(social dynamic)的划分开始,一直到今天都是社会学里的两大主题。事实上,19世纪社会学的出现也正是由当时欧洲社会的急剧变迁引起的。静态社会是对社会结构的分析;动态社会是对社会变迁的研究。

社会变迁所牵涉的层面相当广泛。从社会结构的层次来看,社会变迁是社会互动和社会关系等所构成的各个社会结构里的组织与功能的变迁。此变迁可能发生在个人生活里,也可能发生在团体、社会或全人类的生活里;它可能是行为方面的改变,也可能是文化和价值体系方面的重要变迁。表16–1所列的分析层次代表了这种复杂性。原则上,社会变迁的研究者大致会探讨以下一些问题:

(1)社会中哪些部门改变了?这个问题的解答是把问题点出来,知道哪些部门有了变迁,才能作为研究的出发点。

(2)变迁何时始?何时终?这个问题常常很难准确地回答,当一个变迁现象被注意时,变迁其实早已开始了。它所牵涉的层面大,因此,如何发掘变迁的真正起始与终结,是研究者必须面临的问题。

(3)变迁的原因是什么?为什么一个社会制度会发生变迁?原因何在?有些变迁的原因很明显、单纯,有些则要仔细探究才能被正确地指出。

(4)有哪些理论可以用来解释变迁?社会学的各种理论并不能对每一个社会现象或变迁有完整的解释。因此,当研究者在解释社会变迁现象时,就必须选择一种较有意义、较适合的理论。

社会学家对变迁的研究,不仅指出哪些现象已经改变了,同时还要对那些变迁加以合理的解释。大致上,社会变迁的因素可分为六大项:

表16-1 社会变迁的各种分析层次

| 分析层次 | 研究范围 | 研究单位 |
| --- | --- | --- |
| 全球性 | 国际性组织、国家间的不平等 | 国民生产总值、贸易资料、政治联盟 |
| 文明 | 文明的生命史、文明的进化史,或其他类似的变迁 | 艺术上和科学上的革新、社会制度 |
| 文化 | 物质文化、非物质文化 | 工艺技术、意识、价值 |
| 社会 | 阶层体系、结构、人口、犯罪 | 收入、权力、声望、角色、人口迁移率、犯罪率 |
| 社区 | 阶层体系、结构、人口、犯罪 | 收入、权力、声望、角色、人口迁移率、犯罪率 |
| 制度 | 经济、政治、宗教、婚姻与家庭、教育 | 家庭收入、投票行为、教堂出席率、离婚率、大学教育人口 |
| 组织 | 结构、互动模式、婚姻与家庭、教育 | 角色、党派、管理/工人比率、每一个工人的生产量 |
| 互动 | 互动类型、沟通 | 冲突、竞争、友谊等的分量,互动里的参与者 |
| 个人 | 态度。 | 对各种事物的信仰、渴望 |

（1）**工艺技术** 工艺技术的改进在人类历史上扮演着极其重要的角色,不仅影响个人衣、食、住、行、思想各方面的生活方式,还影响整个社会组织、结构及其功能等。早期的轮子、滑轮、水车、风车、金属的熔解铸造工具、印刷术等的发明,近几百年来的电灯、电池、电话、水陆空的交通工具,以及最近的电视、计算机、网络等,再加上医学界、太空界等的发展,几乎每有一项工艺技术的新发明就能推广到更多的发明,使人类文明更上一层楼。这些影响个人的互动行为、平均寿命、家庭结构,甚至整个社会的教育、经济、政治组织。避孕药品的出现改变了男女的关系,也使人口的增长放缓了;而网络的普遍,减少了政府对人民的信息控制。这些不仅是正面、有功效的影响,同时也给社会带来许多新的问题。

（2）**意识价值** 思想观念的改变可能造成社会变迁。韦伯就认为基督新教的伦理改变了人类的经济结构,是资本主义出现的主要原因之一;而马克思的共产主义思想更深深地影响了20世纪人类社会的生活形态。意识价值往往可指引变迁的新方向,使未来的变迁得到肯定;它也可以用来鼓励个人和团结社会。毛泽东的"人多好办事"的思想,导致中国大陆人口的急速增长。社会对婚姻的价值的改变也是当今离婚率增高的一大因素。

(3) **竞争与冲突** 每个社会都会为资源的不足而经历竞争及冲突;除了对资源的竞争外,更因思想意识形态的不同,宗教信仰的不同,甚至生活习俗上的不同而导致冲突。冲突学派指出,社会上的冲突是不可避免的。这些竞争与冲突,不论其结果是正功能或负功能,都促成了社会的变迁。

(4) **政治体系** 政府往往是社会上最具实权的权力机构,因此,政治体系所研制出来的施政方针和政治手段等都能导致社会变迁的发生。第二次世界大战以后,在第三世界的经济发展中,政府就曾扮演了一个催变的角色。政府的政策及效率,往往就是这些国家经济成功或失败的原因之一。

(5) **经济体系** 经济是一切社会制度的基础,这是马克思的理论。虽然大多数学者不支持经济决定论的说法,却也不能否认经济因素在导致社会变迁的可能影响力。例如经济循环与犯罪率的高低有直接联系,这是已被证明的事实。又如中国大陆近年来的经济成长一方面产生了一批富人,但同时也刺激了贫富差距和一批向大城市流荡的盲流。

(6) **社会结构** 社会结构里的人口、规范、角色、地位的改变或冲突,都可能造成其他相关结构的改变。例如:出生率的增加会影响人口组成,于是也影响未来的教育体系、经济互动、资源分配、政治组成等,社会规范的改变则常影响社会中越轨者的多寡及增减。

总而言之,社会变迁的原因并不单纯,许多因素都能造成社会变迁;社会变迁的速度及方向也都相当复杂;同时,发生在某一个社会的变迁不一定就会在另一个社会里出现。学者对社会变迁的方向持有不同的看法。

有些学者指出变迁的方向可能是单线向上延伸,也就是普通所称的进化论(evolutionary theory)。持这种观点的人相信,人类社会是一直向前进步的,在进化过程中所有的社会都必然经过同样的演化步调。另有些学者认为进化并不一定等速,有些社会变迁进化得快,有些则慢。更有学者主张社会变迁并没有一定的方向模式。

人类学家对文化传播的观点也被用来分析社会变迁。一种是"中心—外围论"(center-periphery model),认为文化或社会是由一个中心发展出来向外传播。一种是"中心蔓延论"(proliferation-of-center model),认为文化是由一中心向外蔓延,而受传播的外围单位再另成一个中心向外围再次传播,社会的变迁也有类似的现象。图16-1可用来代表这两种观点。

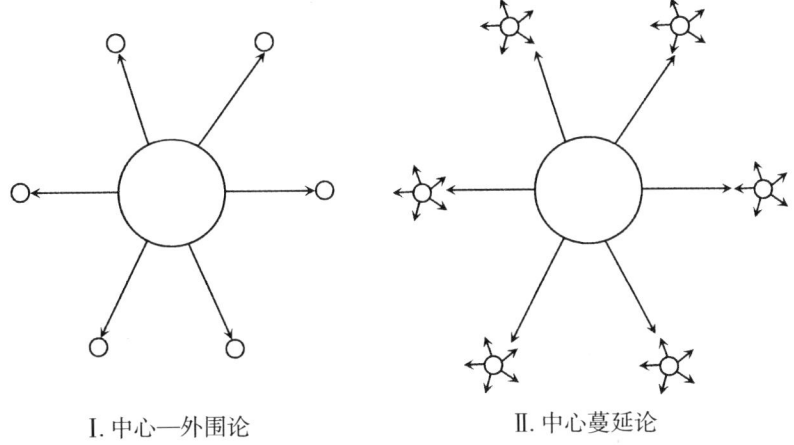

I. 中心—外围论　　　　II. 中心蔓延论

图 16-1　文化传播论

社会变迁的类型，除了因方向的不同而有所不同之外，还可以由其速度、目的来划分。进化、革命、传播、涵化、现代化、工业化、城市化以及官僚化等都是不同类型的社会变迁。进化是指社会由单纯向复杂的进步；革命是指对社会结构的全盘激烈改变；传播是指文化向外传递其影响力；涵化是指两个文化长期交往后，文化融合成一体的过程；现代化是指一个社会由传统改变到一种以西方发达社会为形态的变迁过程；工业化则是指由农业转化成工业的过程；官僚化则指社会组织的理性化过程，以求高效率与高目标。

社会变迁亦可分为有计划的社会变迁（planned social change）和未计划的社会变迁（unplanned social change）。例如中国的计划生育政策就是有计划的社会变迁。至于未计划的变迁，例如治安的败坏、自然环境的恶化等。有些社会变迁是结构内部的变迁，例如夫妻关系、雇佣关系的改变等；有的则是社会结构间的改变，例如工业及农业生产、教育及宗教关系等的改变。有部分学者把社会组织及结构的变迁称之为社会变迁，而文化变迁（cultural change）则是指价值、风俗习惯、信仰、态度及工艺技术等方面的改变。

## 16.2 社会变迁的理论

19世纪中叶，欧洲社会的急速变迁是社会学出现的主要原因之一；孔德的

社会学就包括动态社会变迁的讨论。孔德把社会变迁看做是三个阶段的演变:

(1) **神学时期**(theological period) 人类社会以家族为中心,社会的领袖是方士(或巫师)。社会的意识形态则以人与自然界关系为重点。

(2) **哲学时期**(metaphysical period) 政治成为政治中心,哲学家成为社会领袖人物,意识形态则以反抗超自然所应验的本质为对象。

(3) **科学时期**(positive period) 以工业为重心,科学家为领袖,并以科学的观念和方法来处理人的事务。

斯宾塞更是一个社会进化论者。他认为宇宙的进步是由一种模糊、不和谐、同质的境界,转变到一种相当明晰、和谐、异质的境界的过程。在单纯的初等社会里,各部门的结构都相当类似,因此可互相交换使用。在工业社会里各部门组织不同,彼此就须相互依赖,合作才能生存。斯宾塞称前者为"军事型社会"(militant society),后者为"工业型社会"(industrial society)。

涂尔干也有类似的看法。在分工论里,他认为社会演进是由机械团结(mechanical solidarity)进化到有机团结(organic solidarity)。前者是建立在社会各成员间的同质上,而后者则建立在社会各成员间的异质互赖上。

马克思则认为物质因素在人类历史演变中具有相当重要的影响力,他相信物质因素决定了人与人之间的互动关系、社会形态、人类历史,以及人类社会的前途。物质生产方式的改变自然会造成社会变迁,阶级斗争更是社会变迁的刺激因素。马克思对人类历史的解释包括以下几个重点:

(1) 意志并不决定人与人的关系,人与人之所以发生关系是因为物质上的需求,所以,社会变迁的原因应该是生产方式的改变。

(2) 社会的物质基础是所有其他社会结构的真正基石;因此,生产方式的改变必然带来人们社会关系的改变。

(3) 生产方式本身存在矛盾,生产方式与分配之间亦有矛盾;这些矛盾制造了新的生产方式与新的人际关系。

(4) 矛盾是所有社会过程的基础;矛盾并非来自外在因素,而是社会内部必有的现象。

(5) 矛盾表现在阶级斗争上,人类历史实际上就是阶级斗争史。

(6) 矛盾和斗争的结果是革命。

(7) 革命成功后,所改变而形成的必然是一个无阶级的社会。

韦伯不赞成马克思的看法,韦伯认为社会变迁是由意识形态为主导。西方的历史发展是由一种传统性权威,进化到理性法律权威的过程。韦伯对资本主义出现于西方社会,而不见于中国或印度的看法是西方社会受到基督新教伦理的影响,在没有此伦理的地域,资本主义就未能发生。他认为人类社会必然走向官僚制式的理性权威社会。

在当代学者中,帕森斯所领导的功能学派一直是被指摘不重视变迁的,但是帕森斯在晚年,把他的理论与进化论合起来解释历史、社会变迁。不过,功能学派基本上认为社会总是往均衡(equilibrium)的方向进行,也就是往整合的地步发展;所以,社会的变迁是缓慢和局部的,其所影响的幅度不会大。同时,社会内部各单位彼此间是互相依赖的,于是只要任何一部门发生改变,其他相关部门亦必然随着改变。因此,根据功能论的看法,社会变迁实际上只不过是调整(adjustment)与再调整(readjustment)的一种缓慢过程。

冲突论者则指摘功能论的变迁观点是不切实际,也是一种乌托邦式凭空捏造的幻想,因为社会不可能达到均衡的境界。冲突论基本上认定人是自私的,人们为了获得更多的资源而竞争和冲突。社会变迁虽带来破坏,但终究会带来进步:在冲突之后,原先受压抑的团体会获得地位的改善,因而提高社会的品质。冲突论者把社会变迁看做一种常态。

循环论(cyclical theory)认为社会没有永久的进步或衰退,而是一种无目的的高低的循环。历史学家斯宾格勒(Oswald Spengler)认为人类的历史循环,很像自然界的生、老、病、死的过程。罗马帝国、中国等古老帝国皆曾经过强盛、繁荣及衰退的循环。中国传统的分久必合、合久必分的朝代更替观念就是一种循环论的观点。当代的美国社会学家索罗金(Pitirim Sorokin)也有类似循环论的看法和主张,索罗金认为人类文化有三个很明显的体系相互替换。它们是:

(1)**理想型体系**(ideational system) 在此一体系里,各成分都建立在神圣信仰上。

(2)**意识型体系**(sensate system) 组成成分建立在经验科学和理性上。

(3)**理念型体系**(idealistic system) 此为上述两个体系的综合,其特质是强调人类心灵的创造力,常表现在艺术、文学及思想上。

根据索罗金的看法,人类文明的变迁并不一致,可以趋向于上述任何一个体系,再转至其他体系;文明的变迁可以视为上述三体系的循环、升降。

英国当代历史学家汤因比(Arnold Toynbee)也认为人类历史基本上是一个循环过程。当人类社会面对自然界的挑战时,就会在社会结构、组织上加以调整而发展出一套应付的策略,这是循环的开始;如果策略应付得当,社会能继续生存下去;反之则会被破坏,甚至灭亡。在这个过程中,文明之间可能融合在一起;

文明可能继续成长，然而成长的结果也可能带来破坏及衰退。应付了一次挑战，还会有下一次的挑战，汤因比相信这种循环会继续不断地在人类文明里运作。

## 16.3 社会变迁的策略与代价

在人类的悠长历史过程里，各式各样的社会变迁都曾经发生过：有些是自发的，有些则是人为引发的；有些是可控制的，有些却一发而不可收；有些变迁的持续时间很短，有些则持续很长一段时间。近年来，有计划的社会变迁是预先设计想要处理的问题、处理问题的办法及可能产生的后果。如果把社会变迁按照时间的长短和变迁的对象来分，大致上可分为六种：以个人为对象的变迁，在短期内（1）能导致态度与行为方面的改变；在长期内（2）则能影响整个生命圈的改变。以团体为变迁对象，则在短期内（3）能改变社会的规范及社会的行政管理体系；在长期内（4）则能改变整个团体的组织。以社会为对象，短期内（5）能见革新及发明；长期内（6）则可见证于社会文化的进步。如表16-2。

**表16-2　变迁对象与时间长度的关联**

| 时间 | 对象 | | |
|---|---|---|---|
| | 个人 | 团体 | 社会 |
| 短期 | Ⅰ<br>态度的改变、行动的改变 | Ⅲ<br>规范变迁、行政体系变迁 | Ⅴ<br>革新、发明 |
| 长期 | Ⅱ<br>生命圈的变迁 | Ⅳ<br>组织变迁 | Ⅵ<br>社会文化进化 |

有计划的社会变迁通常是经由劝导、教育或以利诱达到目标，但是也有以律法政令强制执行而达成。

不少变迁是经由暴力手段达到的，像斯大林时期的苏联就曾使用武力和暴力来改变人民的生活方式和意识形态。部分政治学者甚至认为人类历史上的主要变迁大多数是经由暴力而达成的。中国历史上朝代的变换，也是一种由暴力达成的社会和政治上的变迁。

社会变迁即使是在周详的计划下运作，有时仍可能有未预料的后果。许多有计划的社会变迁的后果是很明显、很直接的预期成果；有些则是间接的，甚或是意想不到的。不少社会学者认为在社会变迁的过程中，一方面由于某些现存规范的不切实际，另一方面则因为人们对新规范的无所适从，于是导致冲突，随之造成社会里的竞争，甚或解组。的确，社会变迁可能导致冲突、竞争、解组，而这些后果也能再度引起社会变迁，他们彼此间往往互为因果。

总而言之，社会变迁的方向、类型及策略是错综复杂的，无论是有计划或无计划的，变迁不带些伤痛几乎是不可能的。因此，我们应该注意如何减少破坏性的代价与痛苦，社会学家虽不负责解决社会问题，却可以把问题的前因后果提出来，以供决策者参考。

## 延伸阅读

金观涛、刘青峰，1994，《开放中的变迁》，台北：风云论坛出版社
文崇一，1995，《历史社会学》，台北：三民书局
蔡文辉，1995，《社会变迁》，台北：三民书局
叶至诚，1997，《蜕变的社会》，台北：洪叶文化事业公司
Chirot, Daniel（1994）*How Societies Change.* Thousand Oaks, CA: Pine Forge Press.
Harper, Charles L.（1989）*Exploring Social Change.* Englewood Cliffs, NJ: Prentice-Hall.
Luke, Timothy W.（1990）*Social Theory and Modernity.* Newbury Park, CA: Sage.
McMichael, Philip（2000）*Development and Social Change.* Thousand Oaks, CA: Pine Forge Press.
Savage, Michael（2002）*Urban Society, Capitalism and Modernity.* New York: Palgrave Macmillian.
Scott, Catherine V.（1995）*Gender and Development: Rethinking Modernization and Dependency Theory.* Boulder, CO: Lynne Rienner Publishers.

## 练习题

1. 孔德的动态社会研究_____。
    A. 社会结构　　　B. 社会组织　　　C. 社会变迁　　　D. 社会整合
2. 避孕药品的出现改变了男女的关系，也延缓了人口的增长；而网络的普遍，减少了政府对人民的信息控制。这些都是_____改变社会的例子。
    A. 工艺技术　　　B. 政府政策　　　C. 宗教意识　　　D. 伦理
3. 韦伯认为资本主义首先出现在西方社会的主要原因是_____。
    A. 自由经济　　　　　　　　　B. 基督新教的伦理
    C. 政府鼓励　　　　　　　　　D. 殖民地的扩充

4. 哪一种理论认为人类社会是一直向前进步的?
   A. 进化论　　　　B. 功能论　　　　C. 冲突论　　　　D. 循环论
5. 哪一种理论认为文化或社会由一个中心发展出来向外传播?
   A. 中心—外围论　B. 中心蔓延论　　C. 冲突论　　　　D. 循环论
6. 一个社会由传统改变到一种以西方发达社会为形态的变迁过程是_____。
   A. 工业化　　　　B. 全盘西化　　　C. 现代化　　　　D. 美国化
7. 中国的计划生育政策是_____。
   A. 有计划的社会变迁　　　　　　　B. 未计划的社会变迁
   C. 自然演化　　　　　　　　　　　D. 人为破坏
8. 韦伯认为社会变迁以_____为主导。
   A. 经济因素　　　B. 政治因素　　　C. 意识形态　　　D. 外来文化
9. 在当代社会学理论中,哪一种最不重视对变迁的讨论?
   A. 功能论　　　　B. 冲突论　　　　C. 交换论　　　　D. 符号互动论
10. 根据功能论的观点,社会变迁实际上只不过是_____的一种缓慢过程。
    A. 调整与再调整　B. 冲突与调整　　C. 自然演化　　　D. 循环交叉
11. 哪种理论认为社会没有永久的进步或衰退,而是一种无目的的高低的循环?
    A. 进化论　　　　B. 功能论　　　　C. 冲突论　　　　D. 循环论
12. 中国传统的分久必合、合久必分的朝代更替观念就是一种_____的观点。
    A. 进化论　　　　B. 功能论　　　　C. 冲突论　　　　D. 循环论
13. 英国当代的历史学家汤因比认为人类历史基本上是一个_____。
    A. 进化论者　　　B. 功能论者　　　C. 冲突论者　　　D. 循环论者
14. 哪种理论把社会变迁看做一种常态?
    A. 进化论　　　　B. 功能论　　　　C. 冲突论　　　　D. 循环论
15. 功能学派基本上认为社会总是往_____的方向进行。
    A. 进化　　　　　B. 均衡　　　　　C. 冲突　　　　　D. 理性
16. 马克思认为社会变迁的原因应该是_____。
    A. 权力的改变　　　　　　　　　　B. 生产方式的改变
    C. 交换方式的改变　　　　　　　　D. 人心态的改变

第十七章

# 现代化及其问题

"Keystroke!... Keystroke!... Keystroke!"

## 17.1 现代化理论

现代化（modernization）常被视为仅是一个较广泛的社会变迁的代名词,事实不然:现代化指一种由传统农业社会体系,转变到现代工业社会体系的过程。它涉及社会里政治、文化、经济、教育、大众传播、个人人格等各方面的变迁;更重要的是它代表着第三世界人民的一种理想,追求进步、活跃、平等、富裕、民主、理性,以及国家的独立与自主。现代化源自16世纪欧洲的工业革命,由西欧扩散到世界各地。现代化不仅在西方,目前更是一种全球的经验现象。无论是哪一个国家,迟早都会往现代化的路上走。

现代社会与传统社会有许多特质上的差异,现代化社会所具有的特质如下:

（1）现代社会的单位有其特定的功能,具有一种特殊化（specialization）的分工。

（2）现代社会的单位有其互赖性,各单位经由特殊化而形成彼此间的互赖（mutual dependency）。

（3）现代社会里有一种能包容每个成员的普遍伦理（universalism）,人与人的互动会有理性的成分。

（4）民主化和集权化的综合。现代社会一方面是中央集权:由政府主导国家政策的制订;同时却又是民主的,人民有较高的政治参与机会。

从社会结构的观点来看,现代化过程牵涉社会结构的分化（diffcrentiation）与理性化（rationalization）。分化是指社会单位由一变二的过程,以达到更高效率的功能运作。分化牵涉特殊化（specialization）,使每一个新单位更专精;分化也牵涉适应能力的提高（adaptive upgrading）,使新分化出来的单位更能应付自然环境的挑战。理性化则指效率较高,并非重感情的处世互动方式;个人的背景、喜恶、嗜好应不影响互动、寻求目的的期望;代之以一种理性的、公平的标准来达到互动的目的。在分化及理性化的过程中,经济活动由家庭里分化出来,使经济活动不受家庭成员人情的干涉而能达到更高的效率;工厂制度成立,以生产为其目标,有别于家庭制度;医疗功能也由家庭分化出来,由专业的医生、医院来处理;教育也由独立的学校、教育制度取代；宗教的崇拜也逐渐由家人聚集一齐的家庭崇拜转至教堂崇拜。

分化及理性化虽能使社会效率提高，使社会进步；然而也可能造成需要社会重新调整的一些后果：现代化过程中常使原有的制度解体，而分化出新的单位，各个单位间常会有不协调和冲突。同时，在现代化过程中，各单位变迁的程度及速度不完全一致，有快慢、深浅、广狭之分。更何况新分化出来的单位不可能马上被一般社会成员所接受，于是冲突、竞争在团体间产生了。

在讨论现代化时，心理学家认为现代人与传统社会里的人在人格上也是不一样的：有别于保守的传统人，现代人有意愿接受新经验，不怕变迁，工作有计划、有效率、有眼光，重视工艺技术，具有乐观进取、尊重他人的人格。

工业化、经济成长及现代化，在一般人的想法里，是可以互换使用的名词。事实上，尤其在学术上，这三个概念虽相互关联，其意义却不完全相同，各有其特征：

（1）**工业化**（industrialization） 指一个过程，社会的生产方式由以农业为主转为以工业生产为主；社会的动力资源由人力或动物而转变为机器；生产功能在工厂制度出现后，由家庭转变到工厂。在工业化过程中，生产的总额通常是会增加的。

（2）**经济成长**（economic growth） 指一个社会由于生产方式的改变而使社会生产额提升、全国财富增加。经济活动变得活跃，国民平均所得增加。

（3）**现代化**（modernization） 指社会的进步，除了工业化、经济成长过程中的进步外，更包括其他非经济层面的进步。它涉及社会里政治、文化、经济、教育、大众传播、个人人格等各方面的变迁。

工业化、经济成长及现代化可被视为三个不同的发展阶段，一项的推动促成下一项的成果。换句话说，若无工业化改变生产方式，很难有经济成长；若无工业化和经济成长，现代化则更难以推行。三者之串联发展程序如图17-1。工厂制度兴起，国民所得增加，政治参与增加，机器动力的使用，国家财富提高，教育普及，生产量增加，工业生产额提高，宗教世俗化，农业消退。

西方化或西化（westernization）是一个在谈到现代化过程中常提到的名词。由于工业化和现代化始于西方社会，它们都具有相当显著的西方文化色彩。在当前的第三世界里，工业化和现代化往往被视为模仿西方文化制度的西化过程。由于绝大多数已经现代化社会是欧美等西方国家，它们的成就被视为典范。

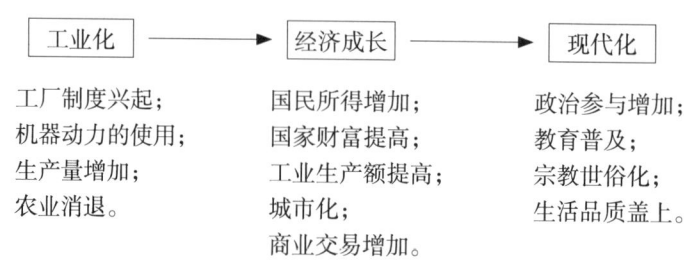

图17-1 工业化、经济成长、现代化

有关现代化的理论主要有两种:较早以功能论为代表的聚合理论(convergence theory),及具有马克思冲突思想色彩的依附理论(dependency theory)。

(1) **聚合理论** 聚合理论认为现代化的结果会把社会与社会之间的差距缩小,并将现代社会的特质散布在世界各国;因此,人类各社会越来越类似。聚合理论认为不论社会的现代化起步早晚,所采取的途径为何,所有的社会都必朝同一终点变迁;不论其在现代化努力过程中有多大的挫折,其最终的成功是可以保证的。

聚合理论具有很重的西方社会的本位主义色彩,把现代化视为西化的过程。很显然,它把西方文化视为人类社会的模仿对象。聚合理论忽略了每个社会独有的特性,忽略了每个社会都有可能发展出一套属于其社会本身的模式。聚合理论还认为非西方社会在现代化过程中必须模仿西方社会;而西方社会都具有同构型。事实上,西方国家中的英、美、法、德等国家都有其个别的特质,不能被看成一个同构型的社会群。

聚合理论在第二次世界大战以后一直到20世纪70年代初期,在美国相当受欢迎,因为这一观点正适合美国在战后向外推广美式民主的企图。功能学派的帕森斯(Talcott Parsons)、摩尔(Wilbert E. Moore)及几位政治学学者皆持此论。

(2) **依附理论** 另外一批学者指出,西方国家不仅不是非西方国家现代化的榜样,而且西方国家也不会愿意毫无代价地帮助非西方国家赶上现代化的列车。这一批学者更进一步指出,西方国家是非西方国家现代化的阻碍。这一理论通常被称为"依附理论"。

依附理论把西方已现代化了的社会比喻为一群都会中心(metropolis);把那些未开发或正在开发中的社会比喻为一群没有控制本身前途的卫星(satellites),完全依赖都会中心。依附理论认为今日非西方社会正受一群以美国为首的都会中心的控制,该都会中心利用榨取资本与剥夺经济原料等方式来控制尚未现代化的社会，而使后者现代化的方向与前途均受前者的支配主宰。都会中心国家为了本身既得的利益，不会真心协助卫星国家走向工业化的成功途径。所以，非西方国家在走向现代化所遭遇的挫折，其实都是西方国家所预设的。依附理论源于拉丁美洲的经验。拉丁美洲国家受着美国庞大军事与经济的压力，因而无法按自己的步骤走向现代化。这是一种以受压迫者的观点为出发的理论，加强人们对已开发国家的主宰事实的了解。

目前，持依附理论观点的学者不少，最常被提及的是美国社会学家沃勒斯坦（Immanuel Wallerstien），及其所提出的世界体系论（world system theory）。根据沃勒斯坦的看法，今天的世界是一种以资本主义为中心的世界经济体系；在这一体系内，有三个领域：核心、边陲及半边陲地区。核心国家（core）有强大的生产力，极力支持自由贸易政策。他们利用其强大的资金、工艺技术及管理方法来支配全世界的经济活动，像美国、日本、德国等为世界体系里的核心。低度开发国家，由于缺乏资金，没有工艺技术，只能以其本身的自然资源及廉价劳动力给核心国家以换取资金及技术。他们居于世界体系的边陲（periphery）地域，其经济发展政策常被核心国家所控制，根本无法按自己的步调来策划。沃勒斯坦例举亚洲、非洲及南美洲的贫穷不发达国家即是世界经济体系的边陲。至于世界体系里面的半边陲（semi-periphery）地域则是一些具有边际经济地位的发展中国家，一方面依赖核心国家并受其支配，同时却也像核心国家般压榨那些尚不发达的边陲国家，例如以色列、爱尔兰、韩国等。

依附理论的观点在非西方国家里非常受欢迎，因为这些国家把它们的贫穷和落后归罪于发达的国家。不过依附理论虽指出了国家之间的不公平，却忽略了贫穷不发达国家本身的内部问题。

## 17.2 现代化过程中的问题

现代化是许多非西方国家未来努力的目标，然而其发展过程常遭受到一些严重的问题和困扰，例如：

（1）许多不发达社会里现代化的动机不是发自社会本身，而是来自外来力量的压迫，因此新的生活方式与规范往往与旧的发生冲突，引起社会的不安。西方国家现代化起源于其社会内部结构的变迁，是主动的；但是非西方国家则是对外来压力的被动反应。

（2）现代化的推展往往是缓慢的，许多未开发社会却又急于享受其成果，于是造成人们的不耐；其发展的层次不一定均等，于是常促成阶级仇恨的增长。

（3）现代化过程常引进许多西方社会的特征，因此持保守主义者常以民族爱国主义的口号来阻碍反对现代化。

（4）推展现代化的策略可因社会而异，但是许多不发达的社会的领袖阶级为求近利，在未经周详的计划下急促地推行现代化，造成社会内部的不平衡和冲突的扩大。

（5）不发达社会在走向现代化时因资源和人力的缺乏，往往需已开发社会的援助，于是造成对发达社会的依赖而失去自主权。

在这些情况下，非西方国家要成功地实现现代化，可以说是困难重重。日本的成功最早，也较特殊；接着韩国、新加坡等的经济成就更是有目共睹的。在这一过程中，非西方国家的成功，在文化、经济上多少都受到国外力量的牵制。非西方国家在现代化过程中所面临的问题，包括政治、经济、教育和价值观念等方面的改造。

## 经济现代化

非西方国家现代化过程的成败，往往取决于工艺技术的引进及发展。有些国家引进最新、最进步的工艺技术；有些则依所需引进适合于本身的技术。各个都有利有弊；不论采用哪种策略，决策者都必须顾及社会本身的历史文化背景和当前所需。

一个与经济现代化息息相关的问题是土地分配问题。因为现代化经济发展的初期，农业人口在总人口中所占的比率很高，就业问题就是土地分配问题。改革经济必先改革农业，改革农业则必先妥善解决土地的分配问题：或以税收方式对地主抽取重税，或以强迫征收方式将土地收归国有。土地改革的成败能直接影响社会经济发展的成败。中国大陆目前虽有急速的经济成长，但土地分配的不公平常造成农民的不满，是中国正面临的大问题。

## 政治现代化

大多数非西方国家在现代化过程以前都是非民主政体，不少还是由殖民地独立出来的新政府。如何提高人民的民族主义意识，同时给人民参与政治的机会都是政治现代化中的重要课题。革命成功或独立成功的下一步，就是希望带来经济上的成果，于是如何培养执行现代化政策的领导人才就成为重要的急务。

民主政体似乎是最能获得民心的政治制度。民主政体（democracy）的形式有多种，它主要的特质是给予人们有参与决策的机会。许多非西方国家都有一个一党专政的政府，虽然它不像西方的两党或多党政治来得民主；但是一党专政若能善纳民意，为百姓谋福利，不一定就是政治现代化的阻碍。不少学者还认为多党政治的政体会造成纷争的局面，影响社会的安定、经济的发展。

## 教育现代化

不少学者认为一个社会如果要现代化，就必须提高教育程度。只有普及的教育才能提供优良品质的劳动人口来参与经济发展，也只有普及的教育才能训练出一批有政治参与意识的人民。由于教育费时费钱，在第三世界的现代化过程中不少社会往往将它忽略了。

其他方面的现代化问题还有信息、交通的现代化、生活素质的提升以及价值观念的现代化。总而言之，第三世界都希望借着现代化过程创建出一个富裕康乐的新社会。在达到这个目标之前，问题重重，不易克服。中国台湾地区以往的成就真是不得不让人感到骄傲，不过近年来却有每况愈下的危机。

## 17.3 中国现代化问题

一个一直困扰着很多学者的问题，是为什么中国和日本在19世纪末期同时迈进现代化的努力，日本成功了，中国却仍然停滞不前？下面让我们简要介绍几个有关东亚现代化及中国未能实现现代化的理论，供读者参考。

### 伯格的资本主义革命

伯格（Peter Berger）在1986年出版的《资本主义革命》（*The Capitalist Revolution*）一书中，对东亚资本主义的解释是以日本与东亚四小龙为对象的。伯格认为这些国家的成功经验与西方的资本主义有所不同；这几个国家的共同特征包括：

（1）都已成功地发展出一种资本主义式的工业经济。
（2）都享有高而持续的经济成长率。
（3）都成功地消除了贫穷状态。
（4）都以制造业外销为重心来发展经济。

（5）政府在发展过程中都曾扮演相当积极的角色。
（6）社会福利都不发达。
（7）都有高储蓄率。
（8）都有高度的生产力与勤劳的工作伦理。

伯格认为上述特征正是东亚各国经济成长、现代化成功的主要原因，更是与西方资本主义经济不同的地方。

### 林德的三种效果

政治学家林德（Staffan Linder）同意伯格的说法，更提出东南亚成就的三种重要效果。他在《太平洋世纪》（*The Pacific Century*）一书中指出三个效果：
（1）**示范效果**　足以影响其他地区的经济成长的思考方向及策略的运用。
（2）**合作效果**　足以鼓励国家之间的经济合作及市场开放的自由贸易。
（3）**威吓效果**　足以减弱发达国家的经济支配力。

### 白鲁恂的文化层面的权势

政治学者白鲁恂（Lucian W. Pye）在1985年出版的《亚洲权力与政治：文化层面的权势》（*Asian Power and Politics: The Cultrual Dimensions of Authority*）一书中指出日本政治里的人际关系敏感性较高，政治结构相当严谨。中国政治领袖与群众关系较疏远，在上的领导者往往对群众不甚了解，其政治稳定性较低，缺乏持久性。东南亚国家，政治人际关系较固定不变，但制度结构较不稳定。

白鲁恂以文化心理学的观点肯定了亚洲人对其领导人物的信仰与崇拜。这种信任足以使社会经济在其领导者的引导下继续发展；因此，具备有才能、贤良领袖的国家，其社会的现代化就会成功达成。

霍夫汉（Roy Hofheing, Jr.）及卡尔德（Kent E. Calder）两人在1982年合著的《东亚优势》（*The Eastasia Edge*）一书中指出：日本的优势在于日本人对工作的责任感及荣誉感，同时也归功于日本人的长远眼光；韩国的成功是靠政府强有力的支持；中国台湾地区的经验则建立在成功的土地改革及对世界市场的敏锐反应。

综合几家观点，东亚的现代化的成功因素不少，其中包括：储蓄率高、政府的角色积极、不完全依赖西方国家、以民富为中心、教育的高度普及。这些因素使东亚和其他区域的现代化有了不同的成绩和结果。

另外一些比较偏重早期中国现代化失败原因的讨论，则可在罗兹曼（Gilbert Rozman）的《中国的现代化》（*The Modernization of China*）、韦伯的《中国的宗教》

(*Religion of China*)、列维（Marion J. Levy, Jr.）、摩尔（Barrington Moore）、艾森斯塔特（S. N. Eisenstadt）及白鲁恂等学者的著作上看到。

基本上，这些学者的看法是遵循韦伯的传统观点：认为中国传统伦理缺乏一种类似西方基督教的伦理，因此资本主义无法在中国产生。韦伯指出儒家精神太重视稳定，过分强调自我的节制及人际关系的和谐。传统中国社会制度只信赖家族成员，整个社会建立在血缘关系上，这些和西方基督新教伦理所重视的进步及不断探索以支配世界的精神相左。贝拉（Robert Bellah）承继韦伯的观点，认为中、日最大的不同在于中国重视整合价值，日本则以目的之获取为社会上首要价值；中国的传统理想社会是一种融洽的平衡状态，政治体系也是为维持既有体系而设，不在于改革或目标的获取。

列维则从家庭的角度来分析，认为中国家族制度基本上就不适合于资本主义的发展。摩尔和艾森斯塔特则从政治的角度来看传统政治结构上的问题，白鲁恂则较注意近代中国政治上所发生的权威危机。

从历史的角度来看，中国真正被逼上现代化之路的时间是在中英鸦片战争以后。在这一个半世纪里，历经内外战乱，民不聊生。1949年以后，大陆有了进步，自从20世纪70年代晚期改革开放以来，中国大陆的经济有大幅的发展，人民生产力和消费力均大幅提高。可惜的是贫富差距有恶化趋势。近年来，中国台湾地区虽有高度的经济发展，但各式各样非经济的问题，亦困扰当局。这些都需要我们一起来研究。

## 延伸阅读

黄光国，1988，《儒家思想与东亚现代化》，台北：巨流图书股份有限公司
蔡文辉，1995，《发展的阵痛》，台北：三民书局
许庆复编，1996，《地球中的台湾》，台北：正中书局
张笠云、吕玉瑕、王甫昌编，1997，《九〇年代的台湾社会》（上、下），"中央研究院"社会学研究所筹备处
Eisenstadt, S. N.（1966）*Modernization: Protest and Change.* Englewood Cliffs, NJ: Prentice-Hall.
Jaffee, David（1990）*Levels of Socio-economic Development Theory.* Westport, CT: Praeger.
Parsons, Talcott（1971）*The System of Modern Societies.* Englewood Cliffs, NJ: Prentice-Hall.
Tsai, Wen-hui（1996）*In Making China Modernized: Comparative Modernization between Mainland China and Taiwan.* Baltimore: University of Maryland School of Law.
Turner, Bryan S., ed.（1993）*Theories of Modernity and Postmodernity.* Newbury Park, CA: Sage.

## 练习题

1. 由传统农业社会体系转变到现代工业社会体系的过程是_____。
   A. 理性化　　　　B. 演化　　　　C. 社会化　　　　D. 现代化

2. _____涉及社会政治、文化、经济、教育、大众传播、个人人格等各方面的变迁。
   A. 理性化　　　　B. 演化　　　　C. 社会化　　　　D. 现代化

3. _____代表第三世界人民的一种理想，追求进步、活跃、平等、富裕、民主、理性，以及国家的独立与自主。
   A. 理性化　　　　B. 演化　　　　C. 社会化　　　　D. 现代化

4. 现代化始自16世纪的_____。
   A. 欧洲的工业革命　　　　B. 法国人权革命
   C. 英国的议会政治　　　　D. 美国的独立大革命

5. 哪一项不是现代化社会所具有的特质？
   A. 现代社会的单位有其特定的功能，具有一种特殊化的分工
   B. 现代社会的单位有其互赖性，各单位经由特殊化而形成彼此间的互赖
   C. 现代社会里有一种能包容每一个成员的普遍伦理
   D. 现代社会里有一种尊重传统的导向

6. _____指社会单位由一变二的过程，以达到更高效率的功能运作。
   A. 社会结构的分化　　　　B. 社会结构的理性化
   C. 社会结构的科技化　　　　D. 社会结构的理想化

7. _____指效率较高，并以非重感情的处世互动方式；个人的背景、喜恶、嗜好应不影响互动、寻求目的期望；而是以一种理性的、公平的标准达到互动的目的。
   A. 社会结构的分化　　　　B. 社会结构的理性化
   C. 社会结构的科技化　　　　D. 社会结构的理想化

8. 在现代化过程中，各单位变迁的程度及速度_____。
   A. 完全一致　　B. 不完全一致　　C. 有计划合理　　D. 是无形的

9. 下面哪一项不是现代人所具有的特质？
   A. 有意愿接受新经验、不怕变迁
   B. 工作有计划、有效率、有眼光，重视工艺技术
   C. 具有乐观进取、尊重他人的人格
   D. 尊重传统

10. _____指社会的生产方式由以农业为主转为以工业生产为主；社会的动力资源由人力或动物而转变为机器。
    A. 理性化　　　　B. 工业化　　　　C. 社会化　　　　D. 现代化

11. _____指一个社会由于生产方式的改变而使社会生产额提升、全国财富增加。经济活动变得活跃，国民平均所得增加。
    A. 理性化　　　　B. 工业化　　　　C. 经济成长　　　　D. 现代化

12. 哪一项认为现代化的结果会把社会与社会之间的差距缩小,并将现代社会的特质散布在世界各国;因此,人类各社会会越来越类似?
    A. 聚合理论　　　　B. 依附理论　　　　C. 世界体系论　　　　D. 冲突理论
13. 哪一项理论具有很重的西方社会的本位主义色彩?
    A. 聚合理论　　　　B. 依附理论　　　　C. 世界体系论　　　　D. 冲突理论
14. 哪一项理论指出,西方国家不仅不是非西方国家现代化的榜样,而且西方国家也不会愿意毫无代价地帮助非西方国家赶上现代化的列车?
    A. 聚合理论　　　　B. 依附理论　　　　C. 世界体系论　　　　D. 冲突理论
15. 依附理论把西方已现代化了的社会比喻为一群＿＿＿＿＿＿。
    A. 都会中心　　　　B. 卫星　　　　　　C. 散财者　　　　　　D. 合作伙伴
16. 美国社会学家沃勒斯坦提出的理论是＿＿＿＿＿＿。
    A. 聚合理论　　　　B. 依附理论　　　　C. 世界体系论　　　　D. 冲突理论
17. 在世界体系论里,以色列、爱尔兰、韩国、中国台湾等属于＿＿＿＿＿＿。
    A. 核心国家　　　　B. 边陲地域　　　　C. 半边陲地域　　　　D. 重点国家
18. 现代化的推展往往是＿＿＿＿＿＿。
    A. 缓慢的　　　　　B. 急速的　　　　　C. 无意的　　　　　　D. 无资本的
19. 哪些是东亚的现代化的成功因素?
    A. 储蓄率高　　　　　　　　　　　　　B. 政府的角色积极
    C. 不完全依赖西方国家　　　　　　　　D. 以上三项都是
20. 哪一位学者指出儒家精神太重视稳定,过分强调自我的节制和人际关系的和谐?
    A. 马克思　　　　　B. 韦伯　　　　　　C. 涂尔干　　　　　　D. 斯宾塞

# 简体版后记

社会学是一门研究和讨论人与人之间关系的社会科学。人是社会性动物,因为人的行为深受社会规范和价值的影响,人与人之间的来往和互动也是在社会制度的网络下进行的。因此,社会学的最主要课题就是观察并分析人类社会里人们的互动是如何在社会的影响下运作的。

社会学创始于19世纪中叶的欧洲。虽然在清末民初时期的中国已有国人翻译的社会学著作出版,社会学在当时却不算是一门主要的学科;社会学与其他社会科学之间的范畴亦未明确厘清。20世纪50年代至70年代中叶,对社会学的研究及探讨更呈停顿状态。所幸近年来社会学在国内已重获发展的机会。改革开放下的中国正经历着急剧的社会变迁,无论是人与人之间的关系还是社会制度的架构都在转型中,亟待加以了解;社会学的研究及其观点又重新受到学术界和社会大众的重视。

《社会学概要》是介绍社会学基本知识及概念的一本入门书。希望经由书内每一章的主题介绍,读者对社会学能有初步的认识。本书包括十七章:第一章至第八章介绍社会学的主要理论和概念,第九章至第十三章分别讨论几个社会里的主要制度及其功能,第十四章至第十七章则着重介绍各种社会变迁概念。在这里,我们还要特别提醒读者注意第十七章有关现代化的讨论。作为入门的工具书,著者在撰写的过程中尽量避免专有名词和术语的过度使用,也没有引用专家经典之作或名言。希望它是一本易读易懂的入门书。虽然如此,在每一章后面我们还是提供了"延伸阅读"和"练习题"两个部分,供读者复习之用。

社会学所讨论的题目不仅相当有趣,同时也对个人的日常生活和人际关系的处理有所助益。我们著者二人从事社会学专业已有四十余年,在美国大学里讲授社会学课程亦有三十余年;这些专业训练和教学经验皆成为我们撰写本书的资源。《社会学概要》无意提出一家之言,只为平实地介绍各家学说。

本书原为中国台湾地区的大学生而写,初版于1991年发行。十余年来广受大学采用为教科书,学生的反应亦相当正面。期间历经修订补充,已再刊印数版。

目前，此版是在2005年底修订完成的，并同时以繁体字版和简体字版分别在中国台湾和中国大陆刊印。我们希望简体字版也能受到读者的肯定。

台湾五南书局编辑部的王秀芬小姐和陈念祖先生的催促是我们着手修订这本书最主要的原动力。著者二人于2004年底从美国印第安纳大学、普渡大学韦恩堡分校（Indiana University–Purdue University at Fort Wayne）退休，2005年夏又忙着从居住了卅年的美国中部印第安纳州迁至西部加利福尼亚州的南部。新居的安顿和新环境的适应皆费时费力，我们还是尽力完成了这份修订的工作，没有辜负他们两位。

社会学是一门很有趣、很实用的学科，希望读者读完本书后能继续研读其他社会学相关的专论，充实自己，了解社会。我们也欢迎读者以e-mail来信讨论社会学，邮箱地址是tsai@ipfw.edu。

蔡文辉、李绍嵘
2006年12月于加州新居

图书在版编目（CIP）数据

社会学概要 / 蔡文辉, 李绍嵘著. —3版（修订本）. —北京：
北京联合出版公司, 2017.2
（大学入门丛书）
ISBN 978-7-5502-9047-1

Ⅰ.①社… Ⅱ.①蔡… ②李… Ⅲ.①社会学 Ⅳ.①C91

中国版本图书馆CIP数据核字(2016)第262358号

本书为（台湾）五南图书出版股份有限公司授权银杏树下（北京）图书有限责任公司在中国大陆出版发行简体字版本。

## 社会学概要

著　　者：蔡文辉　李绍嵘
选题策划：后浪出版公司
出版统筹：吴兴元
特约编辑：刘晓燕
责任编辑：张　萌
营销推广：ONEBOOK
装帧制造：墨白空间·韩凝

北京联合出版公司出版
（北京市西城区德外大街83号楼9层　100088）
北京正合鼎业印刷技术有限公司印刷　新华书店经销
字数280千字　720毫米×1030毫米　1/16　13印张　插页2
2017年2月第1版　2017年2月第1次印刷
ISBN 978-7-5502-9047-1
定价：32.00元

后浪出版咨询(北京)有限责任公司常年法律顾问：北京大成律师事务所　周天晖 copyright@hinabook.com
未经许可，不得以任何方式复制或抄袭本书部分或全部内容
版权所有，侵权必究
本书若有质量问题，请与本公司图书销售中心联系调换。电话：010-64010019

# 社会学与生活

著者：（美）理查德·谢弗（Richard T. Schaefer） 译者：刘鹤群 房智慧

译校者：赵旭东 审阅者：马戎 杨文山

（精要版）
书号：978-7-5100-3163-2
出版时间：2011.03
定价：42.00元

（双语版）
书号：978-7-5100-1795-2
出版时间：2010.04
定价：78.00元

（普及版）
书号：978-7-5062-7661-0
出版时间：2009.04
定价：39.80元

（双色修订版）
书号：978-7-5100-4869-2
出版时间：2013.04
定价：68.00元

**美国最经典的社会学教材之一，不断修订再版，被全球超过500所院校采用**
本书中文第9版出版两年多来不断重印，佳评如潮。已被北京大学、中国人民大学、武汉大学、中山大学等数十所名校采用为教材，成为中国社会学界最深入人心的教材之一

美国最经典的社会学教材《社会学与生活》精要版，全球超过500所院校采用 本书在美国、欧洲以及世界各地受到广泛欢迎，是社会学专业最受好评的基础教材，精要版更加适合社会科学相关学科的教学与学习。

**全方位的信息呈现，立体式、多层次的表现手法** 剧照、漫画、图表生动地穿插于行文之中，尤其对非社会学专业读者来说，这是一部读起来毫不费力，却又能使人印象深刻的好书。

**内容编排与组织架构均简洁有力，便于教学** 浓缩为11章，各章节内容自成一体，读者可以挑选其中任何一个自己感兴趣的话题轻松阅读。章节的设计和内容的编排上处处从教学情境出发，非常适合作为社会科学相关科系基础课的教材使用。

**取材广泛新颖，内容生动活泼** 加入的最新资料和大量日常社会生活中的案例更能符合现今社会的需要，能激发读者对于社会学的兴趣，进而领悟社会学的迷人之思。

# 社会科学导论

(插图第12版)

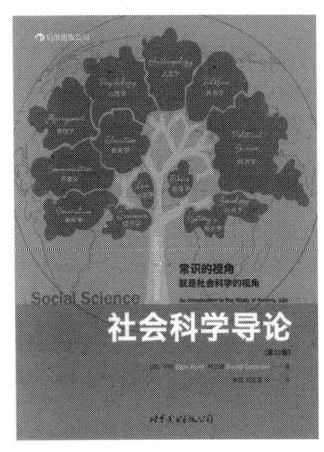

**芝加哥大学经典教材　畅销美国八十年**

著　者：(美) 埃尔金·亨特 (Elgin Hunt)
　　　　大卫·柯兰德 (David Colander)
译　者：康敏　刘小蕾　彭雅琦
书　号：978-7-5000-4458-8
出版时间：2012.07
定　价：68.00元

**给你一双重新发现社会的眼睛　帮助你多角度观察和理解人类社会的秘密**

　　本书是美国大学中极为畅销的社会科学教科书，范围包括现代社会科学的全域，但是又能以整体的观念来整合各学门为一炉……

　　本书章节的安排甚有系统，对社会科学各学门的兼顾也很周全，不但可以使学生对各领域之重要概念以及基本立场有所了解，也颇能帮助学生对现代社会的各面相，包括人与文化、社会阶层、社会制度、政治组织与社会问题、国际关系，以及经济制度等方面，有一个整合性知识体系的吸收。

——李亦园"中央研究院"院士

　　**通识经典**　　本书初版于20世纪30年代由芝加哥大学九位教授编就，后历经多次更新再版，畅销八十余载，堪称美国大学通识教育的典范。

　　**与时俱进**　　几代编撰人秉持客观与理性的基本理念，紧跟形势变化做出重大调整。尤其是第12版，为了反映9·11事件之后新的政治、经济现实，在政治学和经济学几章有了根本性变化。

　　**视角广阔**　　本书将全球视角、人类学视角、心理学视角，以及社会学视角和历史视角等融合，以常识的视角，将宽广领域的重要知识传授给学生，尽可能地避免提供、修正和讨论一些学生已经熟知的东西。

　　**系统全面**　　本书不仅广泛而均衡地涉及社会科学的各个领域，而且在章节安排上甚有系统，对社会科学各门类兼顾而且周全，再加之书中增加的大量照片、地图和图表，更加有助于学生对社会的基本了解，以及深入研究。